《资治通鉴》里的权力游戏

第壹部

河 伯 著　周纪

四川文艺出版社

**图书在版编目（CIP）数据**

寡人很孤独：《资治通鉴》里的权力游戏·周纪 / 河伯
著. —成都：四川文艺出版社，2017.4
ISBN 978-7-5411-4619-0

Ⅰ.①寡… Ⅱ.①河… Ⅲ.①中国历史—古代史—编
年体②《资治通鉴》—研究 Ⅳ.①K204.3

中国版本图书馆CIP数据核字（2017）第063911号

GUARENHENGUDU

# 寡人很孤独

《资治通鉴》里的权力游戏·周纪

河伯 著

责任编辑　范雯晴
封面设计　叶　茂
内文设计　史小燕
责任校对　王　冉
责任印制　唐　茵　崔　娜

出版发行　四川文艺出版社（成都市槐树街2号）
网　　址　www.scwys.com
电　　话　028-86259287（发行部）　028-86259303（编辑部）
传　　真　028-86259306

邮购地址　成都市槐树街2号四川文艺出版社邮购部　610031
排　　版　四川胜翔数码印务设计有限公司
印　　刷　四川华龙印务有限公司
成品尺寸　147mm×210mm　1/32
印　　张　7.5　　　　　字　　数　170千
版　　次　2017年5月第一版　印　　次　2017年5月第一次印刷
书　　号　ISBN 978-7-5411-4619-0
定　　价　38.00元

原来史书可以这样解读

# 前　言

　　天地玄黄，宇宙洪荒，在中华文明五千年的历史中，在文明智慧集中的华夏民族里，有这样一些人，为了土地、为了名利、为了在历史长河中占有一席之地，他们拼尽全力，用武力、用生命去诠释着何谓战国英豪，何谓奇人天下。而这些故事，这些人物，囊括在《资治通鉴》里，从历史的角度演绎出谋士天下的风采，从政治的角度刻画着能人异士的品性与智谋。

　　《资治通鉴》是一本史料丰富的编年体史书，无论从政治学，经济学，还是为人处世，职场谋略的角度，都给人以无限深思与启示。然而，今人阅《资治通鉴》，嫌其苦涩难懂，不知其雅意。古人阅《资治通鉴》，观鲜活史话，品名臣人生。可是古往今来，又有几人真正读懂？其中的家国军事，商业经济，囊括着你所不知的人生智慧，记录着你所不了解的历史朝代，非一朝一夕所能窥探。

　　河伯者，武林一俗人，求学于未名，混迹于江海，某日翻阅《资治通鉴》一书，读之，喜之，由是废寝忘食，顿豁。编者数载闻于案，偶得其书稿，翻阅之，其中瓶颈之处竟游刃而解，于是，欣喜若狂。

　　此书，以今人之意解古人之绪。河伯用诙谐风趣的语言、博闻强识的国学见解、现代人的时代思维对《资治通鉴》进行解读，也可以说这是一本全新的《资治通鉴》，你可以从历史的角度了解古人的趣事，从经济的角度发掘职场、商场的思维，从政治的角度熟悉谋略、计谋，从军事的角度权衡家国大事。无论怎么读，都有能打动你的理由；无论怎样解析，都会有新的收获。

于是，《资治通鉴》在河伯的笔下不再深奥晦涩，不再充满着历史的神秘感。那些故事，那些人物，透过纸张，以鲜活生动的形象展示在我们的面前，用自身的经历为我们讲述着那一个个史实背后的隐忍与决绝。或许，这正是河伯的初衷，我们看到的不是一张张的纸页，而是一幅幅生动的历史图像。《资治通鉴》依然是《资治通鉴》，却以别样的笔调书写着现代图景式的人物故事。

在河伯的"资治通鉴"里，不懂经济的人，读之，可于职场风生水起；不懂政治的人，读之，可于官场步步高升。河伯，以编年体"通鉴"为体，以今人竞争观为眼，用风趣幽默的笔调，洞察秋毫的观察力对司马光先生的《资治通鉴》进行了现代书写，用最接近现代人审美的语言书写了一本最简单易懂的历史演义。

# 目 录

【第一篇】 **"教父"智宣子的选择**

　　智宣子立后 *001*

　　河伯的揣摩 *002*

【第二篇】 **老姜家和老田家的那些事儿**

　　八卦一：老姜的称谓 *007*

　　八卦二：老姜的年纪 *009*

　　田氏代齐的过程 *011*

　　对政治制度的思考 *013*

【第三篇】 **中国好将军**

　　母死不奔，杀妻取信 *017*

　　投奔魏国，二次创业 *021*

　　争相 *023*

　　叛魏入楚，吴起改革 *025*

　　中国好将军的结局 *026*

【第四篇】　　士为知己者死

何为刺客　029

豫让　030

聂政　034

【第五篇】　　财经对话：魏文侯董事长专访　038

【第六篇】　　亡命之徒商鞅（上）

卫地多君子　049

秦孝公招贤　052

舌战群儒，开始变法　054

【第七篇】　　亡命之徒商鞅（下）

卫鞅变了些什么法　057

实施变法　060

伐魏和册封　062

商鞅之死及其影响　063

【第八篇】　　孙膑的阴谋（暗黑版）

孙膑和庞涓的故事（原版）　066

孙膑和庞涓的故事（暗黑版）　069

后记　076

【第九篇】 **耍嘴皮子和戴绿帽子**

"联合国"秘书长苏秦 078

"联合国"的结构性问题 082

给老板戴绿帽子 086

"平民英雄"的其他八卦 088

【第十篇】 **战国儒家：子思和孟子**

子思 090

孟子 094

【第十一篇】 **鸡鸣狗盗**

庶子夺嫡 099

食客三千，鸡鸣狗盗 102

功高震主，流离各国 106

鸡鸣狗盗和一人定邦 108

【第十二篇】 **说客的生涯** 110

【第十三篇】 **京华烟云**

燕王让贤 122

祸起萧墙 124

死千里马 125

乐毅伐齐 126

反间再反间 129

尾声 *133*

【第十四篇】 **胡服骑射**

少年君主 *136*

胡服骑射 *138*

退位和访秦 *141*

沙丘宫变 *143*

【第十五篇】 **战斗种族的崛起之路**

秦武王 *148*

宣太后和秦昭襄王 *151*

【第十六篇】 **平原君和赵奢父子**

税吏将军 *159*

纸上谈兵 *164*

毛遂自荐 *168*

血战邯郸 *171*

【第十七篇】 **凤凰传奇**

完璧归赵 *174*

渑池会 *180*

负荆请罪 *183*

尚能饭否 *185*

【第十八篇】 楚地风云

功过五分的"昏君"楚怀王 188

春申君登场 191

"兄弟情" 194

【第十九篇】 无忌的故事

礼贤下士 198

窃符救赵 200

赌徒和酒保 204

函谷关之战 206

结语 207

【第二十篇】 战国终结者

韩非其人和他的死亡谜案 210

战国终结者 213

真相只有一个 217

编年大事表 周纪一 220

周纪二 221

周纪三 223

周纪四 225

周纪五 226

# 第一篇

# "教父"智宣子的选择

- - - - - - - - - - - - - - - - - - - - - - - - - - -

时间：周威烈王二十三年（前403）

人物：智宣子、智果、智瑶

内容：三家分晋及其幕后的故事

## 智宣子立后

智宣子最近有点烦恼。智宣子是晋国智氏家族的家长，智氏是晋国六卿之首，在晋国乃至整个周朝都算有势力的大家族。这个家族正面临着一个头疼的问题——确定继承人。

在家族会议上，智宣子提出了选继承人这件事，其实就是在他的两个儿子——瑶①和宵之间二选一。话音刚落，智果站了出来，说立瑶不如立宵。

"瑶有五个长处，"智果侃侃而谈，"长得帅，武功好，才艺高，文章和口才不错，而且坚毅果敢。

"但是，他非常不仁厚。所以，如果立瑶为继承人，我们这

---

① 瑶：即荀瑶，又称智瑶、智伯、智襄子。春秋末年晋国四卿之一，智宣子荀申之子。

个家族必定会灭亡的！"

智宣子脸上闪过一丝察觉不到的微笑："吾意已决，立瑶。"

随后的几天，智果去找了太史官，改姓"辅"，宣布和智氏断绝关系。

很巧合的是，智果的话最后却一语成谶，智氏家族果然在瑶的领导下被灭族了。

这是个很有趣的故事。

对于这件事，司马光发表了一段在历史上很有影响的评论，他说，瑶的失败，根本原因在于他的才能胜过了他的品德。光哥把人分为四种类型：才德兼备型——圣人；才德皆无型——愚人；德胜才型——君子；才胜德型——小人。光哥说，选择人才的时候，宁可选愚人（譬如：宵），也不可选小人（譬如：瑶）；而智宣子没有听智果的话，做了个无比错误的决定。

历史真的如此吗？


## 河伯的揣摩

其实在家族会议的前一天晚上，智宣子跟智果两个人单独聊了很久。

"智果啊，晋国恐怕气数已尽，马上就要灭亡了。"

"是的，这对于我们智氏来说是个好机会！"

"嗯，但我们需要冒点险。"智宣子站起来，凝视着窗外。

智果端坐着，双手不知何时攥成了拳头，手心里都是汗。

"我想选择瑶来继承我的位子。"

"好，我一定会全力辅佐他！"智果斩钉截铁地说。

智宣子垂下脑袋，眼里闪过一丝淡淡的忧伤，转过身对智果一字一句地说道："不，你的任务是在最坏的情况下，为家族保留血脉。"

智果不解。

"虽然晋国即将灭亡是事实，但是让瑶带领家族去完成对晋国取而代之的策略仍然有着很大的风险。我不是个喜欢冒风险的人。我要你在明天的家庭会议上公开反对瑶，并且从家族中脱离出去，以免我们整个家族绝后。"智宣子解释道。

智果过了好久才回过神来，他俯下身子，默默施礼。离开的时候眼里噙满泪水。于是第二天，智果在家族会议上向智宣子提出了那段被后世许多史书记载的言论。

毫无疑问，瑶是个很有能力的人。在瑶担任智氏掌门人期间，晋六卿变成了四卿，他还执掌了晋国实际权力，在对外战争中也取得了赫赫战功，沉寂了多年的晋国，似乎有望重夺中原霸主之位。然而，瑶的目标是继续铲除其他三卿（赵氏、魏氏、韩氏），最后取得晋国的所有土地和最终领导权。

很多人相信，瑶的行为就如同智果分析的那样，是由性格所致，这样的结果也是才胜于德的必然后果。其实只有智果才知道，当时他的说法只是个幌子。

对于那时的智宣子来说，选择瑶还是选择宵不单单是选择继承人的问题，里面还包含了家族未来战略的抉择。智宣子已经意识到晋国未来的结局——要么被一家取而代之，要么被几家瓜分。他希望智氏能成为那个取而代之的家族，而不是和韩氏、赵氏、魏氏、范氏、中行氏五家一起瓜分这个国家。能实现这个夙愿的，只有瑶，他聪明能干，有决断性，但如果这个策略不成功，很可能就会被仇家群起攻之而导致灭族；而宵，只是个本分的人，在未来的乱世中，如果让他掌舵，智氏绝对成不了乱世中的枭雄，一定会走下坡路，极有可能为其他大族所吞并。

所以，智宣子做了一个不失理智却又冒险的抉择，智氏要么一家独大，要么消失在历史中。当然，如果不幸出现了后者的情况，也绝不能让血脉完全消失，于是他找来了智果，一起实施了他的计划。

瑶是个很好的执行者，在灭掉了范氏和中行氏两家之后，他又把矛头对准了其他三家，他们的命运这时候已经大部分都掌握在了瑶手里。瑶选择了代价最小的策略——一点点蚕食其他三家的领地。不管出于什么原因，韩氏和魏氏都顺从了，唯有赵氏不肯。瑶很可能是了解博弈规则的，如果这时候不给赵襄子一点儿教训，那他完成大业就会碰到很多的麻烦。所以，他决定出兵进攻赵襄子，并用水攻其所在的晋阳城池，城内"沈灶产蛙"，赵襄子和他的小伙伴们每天都得在蛙声中入睡。

瑶差一点儿就要成功了。这时，赵襄子悄悄联系了韩氏、魏氏两家，抓住了他们怕步赵氏后尘的担忧，以"唇亡则齿寒"的道理成功策反了他们。最后，智氏反被灭族，只有智果得以幸存。

历史没有如果。瑶的最终结局是身首异处，头被赵襄子漆成了酒杯（一说尿壶），赵襄子每天都用这个杯子喝酒。

让我们回顾一下早些时候光哥做的评论。光哥说，智宣子做了一个很错误的选择，因为瑶这个人才德不匹配，才比德高出太多了。而我认为，瑶没有投机成功，不是才德不配，而是根本就还不够聪明，才还不够。如果他能意识到围攻赵氏可能会引起韩氏魏氏"唇亡则齿寒"的担忧的话，他或许就不会那么轻慢地对待这两个已经名存实亡的家族了。

我承认瑶是个德行不高的人，但是，在这场战役中取得胜利的三家，后来也瓜分了他们主公晋侯的土地，还威逼周天子封他们为诸侯，这算是有德之人的胜利吗？

在那个时代，高尚的品德很宝贵，可是没有实力和谋略的帮助，恐怕最后也只能得到一个悲情的结局。

无论如何，智宣子的选择直接促成了后来的"三家分晋"，光哥用它作为《资治通鉴》的第一篇，而中国历史也从春秋进入了战国。

# 第二篇

# 老姜家和老田家的那些事儿

时间：周安王十一年—周安王二十三年

（前391—前379）

人物：姜子牙、田和

内容：田氏代齐以及关于齐国的一些八卦

春秋战国的分野，史学家习惯用两件事作为标志。除了我们前面讲的"三家分晋"之外，就是今天要说的"田氏代齐"了。

啥叫"田氏代齐"？一些平时不太读历史的朋友可能觉得奇怪，整个周朝不就是一个齐国吗？确实如此。齐国只有一个，但是齐国的王族却是换过一次的。春秋时期的齐国王族是姜姓吕氏，习惯称"姜齐"；而战国时期的齐国王族则是妫（guī）姓田氏，习惯称"田齐"。所谓田氏代齐，意思就是说田氏家族的人取代了齐国原来的国君成为齐国新的国君。这也是春秋过渡到战国的一个标志性历史事件。

我不知道大家知不知道，姜齐的第一代君主即是鼎鼎大名的姜子牙先生。说今天的正事之前，请先允许我说几个老姜家的八卦吧。

## 八卦一：老姜的称谓

姜子牙先生有很多名字：姜子牙、吕尚、姜尚、姜太公、齐太公、太公望、姜望、吕望、尚父……看得人眼花缭乱，那么，老姜到底叫啥？

那么多名字里面，其实包含了中国古代人的各种称谓方法，最基本的，也是现代人常说的，主要有以下四个：姓、氏、名、字。

### 一、姓和氏

老姜的姓是姜，氏是吕。

姓和氏都是代表家族血脉的，而先秦人是把姓氏分开的。一种普遍的说法是，姓和氏分别代表母系和父系的氏族。在那个时代，你的姓是你母亲家族的符号，而你的氏则是你父亲家族的符号。这也解释了为什么"姓"这个字本身是"女"字旁的。而所谓先秦八大姓，无一例外，也全部是"女"字旁，本文提到的两个，姜和妫，就是例证。

先秦那段时间正是中国从母系社会向父系社会过渡的时期，因而会有这种姓氏并存的情况，而且姓先于氏。秦汉以后，中国已经完全是父系社会结构了，所以姓氏也就合而为一了，跟我们现代人理解的"姓氏"意义就差不多了，后来我们偷懒，就连"氏"也不说了，直接问"贵姓"。所以，请不要觉得奇怪，明明是你爸的家族符号，却用一个"女"字旁的"姓"来表示。

但如果你活在先秦，知道一个人的姓名，你还问"你母亲贵姓？"这种问题的话，一般会认为你是个没文化的人。

## 二、名和字

老姜的名是尚，字是子牙。

这个理解起来应该容易多了，毕竟大部分人小时候都背过"李白，字太白"之类的内容。《礼记》上面讲："幼名，冠字。"在古代，婴儿出生三个月后，由父亲命"名"。而男子二十岁举行冠礼后取"字"；女子十五岁许嫁，举行笄礼后取"字"。

据说那时候医疗条件差，小孩早夭比较多，所以取"名"的时候家里喜欢取得贱一点儿，才好养，跟我们现在取小名喜欢叫"阿猫""阿狗"是一个道理。比如，春秋五霸之首的齐桓公就有一个温柔如水的名，叫"小白"；而晋成公的名更逗，叫"黑臀"（你没有看错，很可能这哥们儿生下来就是个黑屁股）。按这种说法，"名"在那个时候就是小时候在家供长辈称呼用的。而成人之后的"字"才会登大雅之堂一些，所以，对于那个时代的人，我们也相对更喜欢用他们的字：比如姜子牙（名"尚"，字"子牙"），屈原（名"平"，字"原"）。当然，古人的"字"一般跟"名"也会有点儿关系。

在当时，"字"也是朋友之间常用的称谓。大家看《三国演义》，刘备叫关羽、张飞的时候，不会叫他们小羽、阿飞，而是称呼他们的字——云长、翼德（有没有感觉到气场完全不一样？）。而真呼别人大名的时候，往往骂人的情况居多，例如说"刘备你这个狗贼"。

不过中国人现在也都不讲究这些了，说名字，直接就是指全名了，似乎也就少了一点儿乐趣。

### 三、其他杂碎

老姜的那些名号还是有些说法的，在此说明一下。

齐太公："齐"是封地名称，周武王取得政权以后，老姜被封在了"齐"这个地方，又因为是齐国始祖，故称"齐太公"。

太公望：这里面的"太公"跟老姜的谥号"太公"没有关系。这名号颇有点儿传说的意味了。相传周文王找到老姜之后，很是开心，告诉他说："我国先君太公说过，一定会有圣人来周，周会因此兴旺。这圣人说的就是您吧？我们家太公盼望您已经很久了。"周文王认为老姜是"他祖先周太公盼望的人"，简称"太公望"，说白了就是个荣誉称号。（当然，也有说法说老姜名"望"，因而也有人称老姜"姜望""吕望"的。"太公望"这个名号可以有两种完全不同的解释，不过个人还是喜欢前面具有传说性质的说法。）

尚父：这是周武王对老姜的尊称。老姜是周武王的岳父，所以周武王尊称他"尚父"。一把手管自己臣下叫"×父"的情况还有很多，例如齐桓公尊管仲为"仲父"，秦始皇尊吕不韦为"仲父"，项羽尊范增为"亚父"，刘禅尊诸葛亮为"相父"等。


# 八卦二：老姜的年纪

这堪称是先秦时代最值得八卦的事情。

我们小时候看电视剧《封神榜》，姜子牙从一出场就是个白发飘飘的老头子。电视剧也不是完全瞎拍的，这是有历史记载的。

很多史料记载，老姜遇到周文王的时候，已经八十岁了（小伙伴们请不要震惊）。而后世记载他的寿命，最夸张的说法是他活到一百四五十岁！按这说法，这哥们儿呼风唤雨打牧野之战的时候，已经差不多一百一十岁了（小伙伴们请保持淡定）。

而相对温和一点儿的说法，则是认为他活了一百一十三岁，牧野之战的时候大概不到九十。

而顾颉刚老先生则认为老姜是在二十岁时遇到的周文王，三十多岁打的牧野之战，七十九岁辞世，他认为这样的说法比较符合自然规律。[1]但这似乎也很难让人接受。想想看，周文王见到一个二十多岁的毛头小伙儿，就尊他为太师；加上周武王还娶了他女儿做老婆，老姜再怎么有能力，恐怕都不符合自然规律。所以，这种说法遭到了其他人的一致反驳。

当然，老年得志、成就大业这种事情，在西方历史上也是有的。《圣经》上记载摩西是在他八十岁的时候蒙上帝召唤，带领以色列人离开埃及的，而摩西最终享年一百二十岁。这跟老姜的情况也差不多。他俩出现的历史时期也差得不远。而这二人对各自文明的影响也都是非常深远的。老姜是中国版摩西，而摩西是犹太版姜子牙。

说老姜是"春秋褚时健"，也一点儿都不夸张。这哥们儿比励志哥还励志！《尉缭子》等史籍上说，老姜在八十岁遇到周文

---

① 顾颉刚，《太公望年寿》，载于《浪口村笔记》卷之四，第141-142页，辽宁教育出版社，1998。

王之前——也就是这哥们儿七十多岁的时候——在朝歌做过屠夫，还摆摊卖过小吃，前半生穷困潦倒。后来跑去江边钓鱼，用直钩钓，说"愿者上钩"，引得周文王慕名去见他，于是被相中，继而成就了一番伟业。这样的人生经历实在是太戏剧化了！我和我的小伙伴们继续表示难以接受。再加上对老姜年纪的怀疑，考虑到三代时期的历史记载并不是那么精确，而且老姜在后世又被人们过于神化，我觉得无论是他的年龄还是他的经历都肯定有文学性的夸张在里头，即后世很有可能把史实和传说混为一谈了。又或许老姜家有少年白头的基因遗传，只是看上去长得老吧。

最重要的是，小伙伴们要从中明白一个道理：成大事跟一个人以前的从业经验没什么必然关系，跟年龄也没什么必然关系……所以，小伙伴们，早上碰到卖油条的大叔、大婶就尽量对他们好一点儿吧，保不准他们哪天会突然成为伟人！


### 田氏代齐的过程

说了那么多老姜的八卦，还是回头来说我们这篇要讲的正事吧。关于"田氏代齐"，《资治通鉴》里用的笔墨其实很少，准确地说，只有四句话。

一、安王十一年（前391）：初，田常生襄子盘，盘生庄子白，白生太公和。是岁，齐田和迁齐康公于海上，使食一城，以奉其先祀。

二、安王十三年（前389）：齐田和会魏文侯、楚人、卫人于浊泽，求为诸侯。魏文侯为之请于王及诸侯，王许之。

　　三、安王十六年（前386）：初命齐大夫田和为诸侯。

　　四、安王二十三年（前379）：齐康公薨，无子，田氏遂并齐而有之。


　　虽然用了很少的笔墨，但说得已很清楚了。其实齐桓公死了之后，他的儿子、孙子、侄子之类的争夺一把手的位子，互相争斗，导致齐国内部一直混乱，不仅丧失了霸主的地位，还沦为了二流诸侯国。到了后来，国政被大臣掌控。而这个田氏，之前不是齐国的，祖上是陈国的公子，因为陈国内乱，跑来齐国避乱的。后来在齐国政治斗争中得势，并且一家独大，使得齐国的国君沦为傀儡。到前391年的时候，当时还是臣子的田和把主公齐康公流放到了岛屿上，完全掌控了齐国的朝政。

　　田氏虽然对内有实权，可是，对外没有名分，怎么办？于是，田氏就这件事做了长远计划。在当时的社会，这种违背人臣伦理的事情，是完全无法得到社会上层人士支持的。而且，田氏只是齐国的家臣，缺乏跟周天子直接沟通的渠道。不过，既然有了三家分晋的先例，这种事情也就不是完全不可能了。当时，魏国正在魏文侯的统治下，是诸国之中很有实力的一家。于是，就在流放国君的次年，田氏找魏国干了一仗，还夺取了魏国的襄阳。又过了一年，田和跟魏文侯见面，要求魏文侯帮他疏通一下上层关系。魏文侯也不是不识时务之人，一来看到了田和的实力，二来自己也是逼周天子才获得的诸侯身份，于是就帮他把要求提了上去。周天子当然没有办法，只好答应了。过了三年，田氏正式成为齐侯。

又过了七年，被流放的齐康公死了，他没有子孙，齐国就完全被田氏占据了（备注一下，晋这时候还没有灭亡，是晋、赵、魏、韩并立的情况）。

## 对政治制度的思考

光哥在评论三家分晋的时候，发了一篇很长的评论，一副咬牙切齿、痛心疾首的样子。可以想象光哥写这段评论时候的表情，绝对比他当年砸缸的时候要凝重得多。

说到这里，我们要讨论一下，为什么中国古代士大夫对三家分晋和田氏代齐这两件事那么重视？

中国古代士人讲到理想社会的时候，都喜欢拿周朝做榜样，说周朝的制度优越，所以能够享有天下八百多年。这确实很了不起，世界上很多国家，从建国到现在的时间都没有周朝一个朝代的时间长。那么，周朝的政治制度到底优越在哪里？

周朝的政治制度主要由三大部分组成：封建制度、宗法制度、礼乐制度。

封建制度（也称"分封制"，其实跟马克思主义里面讲的"封建"还是有很大区别的）规定了天子和诸侯的关系；宗法制度则规定了国君家族的内部继承关系（嫡长子，世代继承最高执政权）；礼乐制度则是社会的典章制度和道德规范，同时也用以缓和社会矛盾。

当然，这里面有个大的时代前提：在当时，全天下都有一个共同的观念，那就是只有一个天子，大家都必须遵从他的统治。

这个社会观念跟我们现在共和、民主、人权这些概念的普及程度是一样的。

有了这个大前提就好说了，天下的土地理论上都是周天子的。但当时条件有限，周天子管不了那么大的地方，于是就把一些**有功、有能力之臣**，以及亲戚分封到相对远一点儿的土地上，**让他们做诸侯**。但要求他们必须服从周朝的政治制度，并遵从周天子的号令。刚开始封建的时候，中国还是个地广人稀的地儿，基本上一个**诸侯**跑去自己的封地，那里啥也没有，百废待兴，诸侯们要披荆斩棘来建立自己真正的统治。

**建完国之后，**又会有新问题，比如建国那哥们儿死了，他建立起来的国家谁来接着管？那时候不搞计划生育，也不崇尚一夫一妻，**诸侯**处于上层社会，一般都有好几个老婆，好多小孩儿，**所以**选继承人是个头疼问题。于是就有了宗法制度，要求由嫡长**子**来继承爵位，也就是大老婆的长子才有继承资格；嫡长子缺失**的情况下，**其他儿子才有资格按顺位一个个往下轮。那为什么不**分家呢？**西周初期各诸侯立国的时候，大家都还是很困难的，一**分家，**恐怕自己老子创立的基业马上就付之一炬了。更何况封侯是天子的权力，底下人随意碰不得。

至于**礼乐制度，**就是完善社会行为的具体规范了（上层社会）。当时的社会很简单，没有现在那么复杂，大家每天种种地、打打猎，**努力劳作**可能还填不饱肚子，社会分工还不细，所以有一套相对简单的规范就够了。

别看这套制度简单，当时已经很够用了。大家都不折腾，守着简单的本分，中国社会就有了长足的发展。

简单明了且行之有效，这就是最优越的制度，没有别的秘诀。

但为什么周朝到了东周就不行了呢？因为形势大不一样了，家奴翻身做了主人！

西周初年，中国实际控制的土地面积很小；到了西周末年，经过二百多年的封建统治，中国的土地面积扩大，人口数量增加了，社会发展水平也大大提升。大家想想，最早要搞封建，就是因为周天子的管理能力有限，无法对自己的名义下的疆域进行有效统治，更何况在疆域变大、人口变多的情况下。

再者，西周初年，中央的经济和军事力量比诸侯国要强大。大家想想，周武王打牧野之战的时候，要召集那么多的诸侯才敢和商朝中央军开战；而周公东征的时候，周朝中央军的实力也远远超过诸侯国。当然，军事实力的背后是经济力量。那时候没有导弹航母，都是冷兵器，你能养活的军队数量多，你自然就有实力。周朝开国的时候，把经济最发达的地区纳入了直辖统治范围；而把相对落后、偏远的地方分封给了诸侯，因而才能保证自己的力量比诸侯国要强大得多。但随着诸侯国的不断发展，这一力量平衡被打破了。实际上，在西周过了一半的时候，中央军就已经不太行了，周天子需要号令底下比较强的诸侯去帮他惩戒那些不听话的诸侯。

一句亘古不变的话这么说道："男人有钱是要变坏的！"

这帮诸侯也不是笨蛋。久而久之，有了实力，却天天被人当枪使，他们也会琢磨：我也没什么实际的好处，为什么要帮周天子流血打仗呢？于是，有这种思想的诸侯、大夫就逐渐抛弃了原来"尊君"的观念，转而开始为自己谋利了。按光哥的话说，中国社会进入到了一个"天下以智力相雄长"的时代。春秋时期也有很多弑君、随意废立国君的事情，但是一旦发生了，往往会被其他诸侯国打着天子的名号征讨。但到了战国，就完全以利益为准绳、凭实力来说话了。正是这种社会观念和政治制度的变化，让中国历史从春秋进入到了战国。

最后，我还想跟光哥说一句："光哥，其实这都是历史的必然趋势，您老再痛心疾首也没有用。就算您能拿出把司母戊大方鼎都砸烂的气势来，三家也还是要分晋，田氏也还是要代齐啊！"

# 第三篇

# 中国好将军

- - - - - - - - - - - - - - - - - - - - - - - - - - - -

时间：周威烈王二十三年—周安王二十一年

　　　　（前403—前381）

人物：吴起

内容：名将吴起战斗着的一生

战国时期，顾名思义，是个战争频发的时期。既然要打仗，就会出名将。今天，我们来说一说在《资治通鉴》里排名第一（按出场顺序，而非绝对实力）的名将——吴起。

## 母死不奔，杀妻取信

尽管历史上对吴起高超的军事天赋和辉煌战斗功绩的记载没有什么异议，但吴起绝对是个有很大争议的人物。特别是他还未成名时做的两件事——母死不奔、杀妻取信。

先说第一件事。《资治通鉴》上记载吴起"母死不奔"的事情，是通过一个说他坏话的鲁国人口中讲出来的。那人说，吴起以前曾经是孔子四大弟子之一曾子（有人考证认为吴起和曾子的生活年代没有交集，吴起的老师应该是曾子的儿子）的弟子，当年吴起在曾子门下学习的时候，他母亲死亡的噩耗传来，吴起却不奔丧，因此被曾子逐出师门。这成为吴起人生中一个很大的污点。

我当时看到这段，觉得挺纳闷。吴起对他的士兵一直都很好，当世无可匹敌（后文会详细说好到什么程度），为什么母亲死了却不去奔丧？于是我又找出《史记》里面的《孙子吴起列传》看了下，才知道吴起"母死不奔"是有原因的。吴起是富二代，但年轻的时候在家乡瞎折腾，耗尽千金家财，被他老乡笑话，他一怒之下，杀了三十几个人，逃离了自己的出生地卫国。逃走的时候，跟他妈说："如果做不到卿相，我绝对不回卫国！"而且还在自己的胳膊上狠狠咬了一口，匆匆离去。

《史记》上额外的信息可以给"母死不奔"提供两种合理解释：第一种解释，他母亲死的时候，他还没有做到大官，没有履行他的诺言，而他是个特别重视承诺的人，因此不回卫国奔丧；第二种解释，他毕竟在家乡杀了三十几个人，那边的官府和仇家肯定在等他回卫国后，将他缉拿归案、报仇雪恨呢，他不敢冒这个险。我个人觉得第二种解释更合理。吴起对自己的人生有相当清晰的目标和规划，不想冒这么大的险，自毁前程。

但无论如何，不管怎么解释，"母死不奔"都是吴起在世人眼里的一个大污点。而吴起成名前做的另一件事，相比前一件，就更加耸人听闻了。

被曾子逐出师门之后，吴起还是一心想要出人头地（估计他手上被自己咬的伤疤一直没有好利索），于是跑去鲁国学兵法，后来就留在鲁国做官。大概在他三十岁的时候，齐国来打鲁国。

鲁国国君觉得吴起这小伙子靠谱，想让他来领兵对抗强大的齐军。但是，吴起的一个个人问题差点导致这个机会溜走。这个个人问题是，吴起的老婆是齐国人，鲁国朝廷怕他通过老婆的家族跟齐国私通。即便吴起再怎么解释，朝廷都无法完全信任他。对于鲁国这样一个弱小的国家来说，这个担心是很正常的：齐军本来就很强大，一旦把鲁国所有的军队交到一个可能是齐军内应的人手里，如果他反过来一起打鲁国，那结局肯定是国破家亡了！所以，鲁国朝廷对吴起的任命迟迟下不来。

吴起不是一个会让机会白白溜走的人。于是，他做了一件令人匪夷所思的事情——他把老婆杀了。

《资治通鉴》记载："（吴）起杀妻以求将，大破齐师。"

很多小伙伴看到这里都惊呆了，这人太狠毒了，连自己老婆都杀，纷纷表示这根本不是人的行为，致以最强烈的谴责。杀妻确实是吴起人生中的一个污点，但古代成大事的人，简历上或多或少都有类似这样的污点。汉高祖刘邦，那年他兵败被项羽追杀，他觉得车子上人太多，跑不快，就把自己的儿子、女儿推下车，旁人看不过去，又把孩子接上来，刘邦锲而不舍地接着推；项羽抓了他爸，在阵前对刘邦说要活剐分食了他爸，刘邦哈哈大笑，说："好啊，你做肉汤也分我一份尝尝。"另一位号称中国历史上千古一帝的唐太宗李世民，在玄武门前伏兵杀了自己的兄长——当时的太子，并且逼自己亲爹退位让给自己……

杀妻这件事的结果，就是吴起率领鲁国军队战胜了强大的齐军，一战成名。齐国是强国，鲁国是弱国。所以当时社会舆论都很惊讶这个战果，于是吴起就成了名人。

但是，让吴起想不到的是，与此同时，他在鲁国的仕途也走到了尽头。

打完胜仗后，我们前文提到过的鲁国人就登场了，他们去鲁国国君那里进了一番谗言，说到底，就是为了说服国君不能重用吴起，理由有二：第一，吴起这个人人品不行，老妈死了不奔丧，老师把他逐出了师门，前几天还杀了老婆——一个连自己最亲近的关系都搞成这样的人，你说能重用吗？第二，鲁国是小国，现在赢了齐国，成为社会舆论关注的焦点，以后肯定是非不断，如果继续重用吴起这样的人，恐怕是弊大于利。

第一个理由，其实用后来李悝①对吴起的评价（见下文）就能很好地反驳了。第二个理由，简直就是不动脑子。如果当时鲁国国君能留下吴起，风险固然是有的，但我认为吴起更有可能给鲁国带来的结果是，鲁国能在战国初期快速崛起成为强国。看看后来吴起在魏国和楚国的成就，就能充分说明这一点儿了。所以，鲁国人用这样的理由来说服国君，国君居然还能听进去，那我只能说，鲁国成不了强国，只能怪自己。

从这两件事中，我们可以看出，吴起绝对是个有远大抱负的人，而且有很强的隐忍能力。他是个有明确价值观的人，知道自己需要把什么事情放在更重要的位置，即便他的价值观给他带来诸多争议，他也会坚定不移地执行。

当然，从这两件事中，我们也可以看到吴起身上有一个致命的弱点：吴起之所以最终会有这样的结果，根儿还是出在他自

---

① 《资治通鉴》原文为"李克"，实应为"李悝"。本文直接将相应处的李克修正为李悝，特此说明。

己身上——太不会做人，不懂得建立广泛的统一战线。为什么国君近臣都是说吴起的坏话，而不是好话？这是吴起的关键问题所在，也是导致他人生颠沛流离、客死异乡的一个重要原因。


## 投奔魏国，二次创业

在鲁国的前途到此为止了，但还没有做到卿相，怎么办？那只能跳槽了。在那个以智力相雄长的年代，爱国主义和忠君思想大概只值五个铜板。

吴起想，鲁国国君太愚昧，所以换工作一定要找个明白事理的老板才行。于是，他就相中了当时天下名声最好的国君魏文侯，托了关系向魏国朝廷表明了自己强烈的求职意愿。

当时吴起已经是社会名人了，可能是那几年"中国好将军"最炙手可热的候选人。魏文侯对此很重视，找来他最信任的大臣李悝征求意见。李悝说，吴起这个人"贪而好色"，也就是说他个人品行有点问题，但如果说到打仗，即便是司马穰（ráng）苴（jū）都比不过他。这个司马穰苴是春秋时期的一代名将，特别牛。李悝的言下之意是，在打仗这件事上，那个时代吴起已经绝对无可匹敌了，要比，只能跟死人比了。

于是，魏文侯就把吴起招来，放到了最危险的边境——魏秦边境。事实也佐证了李悝的判断。西河本来是秦国的土地，吴起出兵夺取了过来，并成了魏国的西河郡守，镇守魏国西大门，致使秦国在吴起时代完全不敢往东进军。

为什么吴起带兵那么厉害，以至于李悝只能拿死人来跟他做比较？一个重要原因是，吴起会激励士兵的士气。

我相信，在战国时期，已经有很多兵法书流传在市面上了，比如《孙子兵法》《司马法》等。在武器水平、战术水平上大家起点应该都差不多，所以强强对话的战役，主要看两个关键因素，一是综合国力（军队规模、后勤水平），二是单兵战斗力（士兵训练水平、士气）。鲁国的综合国力比齐国要差很多，这一点毋庸置疑，但吴起却还能战胜齐军，那就说明吴起率领的军队，单兵作战能力非常强。

重点说说吴起是怎么鼓舞士气的。

据记载，吴起带兵的时候，跟最基层的士兵穿一样的衣服、吃一样的饭菜，睡觉席地而卧，行军也不骑马，自己亲自背军粮，跟士兵们同甘共苦。

吴起还亲自给自己的士兵吮吸毒疮。这个士兵的母亲听说以后就哭了，不是因为感动哭的，而是因为悲伤而哭的。别人问她，将军亲自给你家儿子吮吸毒疮，这是多么高的荣誉啊，为什么你还要那么悲伤呢？那个母亲说："吮吸毒疮的事情已经不是第一次了。之前吴将军给孩子他爸也吸过，他爸打仗的时候'战不旋踵'（脚都没有转过方向，一门心思往前冲），最后战死沙场。这次我儿子估计也一定会死在战场上的，所以我悲伤啊。"

俗语说，横的怕愣的，愣的怕不要命的。

吴起有能力能让自己的兵个个都不要命，那还有谁能战胜他呢？

不过，读到这段，却给我带来一个很大的困惑。这个困惑在于吴起的人性。吴起能母死不奔、杀妻取信，却也能给最底层的士兵吮吸毒疮，这些事情完全不像是能发生在同一个人身上的。我想了很久，得出一个结论——同一个人能做成这些事情，必须同时具备两个条件：第一，这个人得有明确的目标；第二，这个人得拥有极高的自律性和克制能力。为了达成目标能做（或不做）任何事。吴起就是这样的人。

总而言之，在魏文侯时代，吴起在魏国干得风生水起。同时，他也在不断学习中进步。在担任西河郡守期间，他还在孔子另一个高徒子夏门下继续学习。经过充电学习的吴起改革了魏国兵制，创立了武卒制，大大提升了魏国的军事实力。并且，他的内政能力和政治水平也得到了提高。后来魏文侯的儿子魏武侯来西河视察的时候，看到山川俊美，对吴起说，这样的地理形势真是我国国防的一大珍宝啊。吴起没有接茬儿，却劝诫了魏武侯一番，说，国防的最高境界不在于地形和设施，而在于"德"，随后列举了三苗氏、夏桀、商纣的例子来说明，魏武侯深受触动。

偏偏这个时候，吴起的老毛病又犯了。


## 争　相

吴起的学习和长期的隐忍是有目的的——为了能成为卿相。

魏文侯的时候，国君自身能力比较强，威望很高，而且底下有一干很有能力的老臣，排位、功绩、威望都在吴起之上，吴起做不到卿相也是很正常的。吴起默默地在魏国奋斗了十几年，也不停地在提高自己的综合能力。等到魏文侯薨，他年轻儿子即位的时候，魏文侯手下那一干老臣也差不多都歇菜了，吴起的名声也正是如日中天的时候。并且，就在这个时候，魏国要置相了。吴起满以为应该轮到自己了，没想到最后却出来一个远不如自己有名的田文，越级爬到自己头上去了，自己成为卿相的最好机会丧失了。

吴起当然不甘心了，加上他本来也不太会做人。于是直接跑去跟田文辩论，当面数落他。

吴起说："论军功、论内政、论社会影响力，你哪一项比得上我？"

田文说："哪一项都比不上。"

吴起说："那凭什么你能爬到我头上去？"

田文说："兄弟，你看看现在国内形势。国君那么年轻，大臣又不能齐心，老百姓也不能信服。在这个时候，你和我，哪个更适合做魏相呢？"

吴起想了一会儿，默默地说："确实还是你更合适。"

从这个记载来看，吴起在政治上，真的是很傻很天真。虽然田文这段话说得有道理，但是吴起确实是有两次能成功上位的机会。第一次，即是在置相的时候，为什么最后会选田文，说到底，还是众望所归，吴起在朝廷没有强有力的合作伙伴为他说话，白白错过第一次成为魏相的机会；第二次，是在田文任相之后，吴起若能及时反思，韬光养晦，在朝廷广交朋友，重新包装自己在国内的形象，田文之后，他仍然是魏相的最大热门。

结果这两次机会，他都没有把握住。吴起的政治资本是摆在那里的，但是不善加利用，就成了政治负担。他跑去找田文辩论，是冲动行为。俗语说，一不做，二不休。吴起跟田文辩论了之后，就停滞不前，这才是他犯的更大错误。

田文当上魏相以后很快就死了，继任的公叔痤很忌惮吴起——因为吴起有野心、有能力、有名声，而公叔痤自己却是靠娶了公主才获得些许政治资本的。于是，他就跟自己一个仆人商量怎么除掉吴起。那个聪明的仆人设计了一个圈套：一方面让魏武侯对吴起的忠诚起疑，并建议魏武侯将一位公主许配给吴起以稳固君臣之间的关系；另一方面安排吴起来家里与公主会面，并事先与公主商议妥当，让公主发飙羞辱公叔痤，给吴起留下魏国公主"骄横难处"的印象，诱使他辞谢魏武侯的美意。如此一来，魏武侯一定会疑心吴起志不在魏国，不再信任他，这样就可以自然而然地除掉吴起了。

　　我看到这段的时候，被震慑到了。这实在是个太不入流的计划了！而且有诸多漏洞。

　　魏武侯会傻到用这种方法来试探吴起？他不怕计划失败吴起直接举兵造反？

　　吴起有杀妻取信的前科，举世闻名，公主嫁给他，就能改善君臣的关系？

　　吴起会笨到因为怕老婆所以不敢答应娶公主？

　　更让我震惊的是，最后所有人的行为都按照这个仆人的想法实行了！特别是吴起，居然中了这么一个下三烂的圈套！看到一代名将在政治上被如此玩弄于股掌之间，我们也只能感叹了。


## 叛魏入楚，吴起改革

　　大家在职场上混，都知道，频繁跳槽的人肯定是会受到职场唾弃的，一般这种人是过不了HR面试的。但有一种例外，就是这个人特别牛。吴起就是例子。

吴起去了楚国，楚悼王听闻他的大名已经很久了，于是在他刚到楚国不久，就任命他做了楚相。吴起的人生目标终于实现了！吴起当了楚相之后，也尽心尽力地为国君效力。他有了权力，就在楚国大张旗鼓地开始了改革：明法审令，捐不急之官，废公族疏远者，以抚养战斗之士，要在强兵，破游说之言从横者。简单说，就是干了两件实事：节省国家开支，增强军事力量。也导致了两个结果：楚国的实力在短时间内变强了；吴起得罪了楚国很多权贵——改革肯定是要得罪人，这也是改革家普遍头疼的难题。

大家要注意，吴起的这些改革措施，在之后的商鞅变法中也同样出现过。身为吴起同乡的商鞅肯定也受到了吴起的影响和启发。

在楚国的时候，吴起在政治策略上稍显成熟了一些。他至少知道要跟大老板搞好关系了。所以，即便楚国权贵很不喜欢他，他依然深得大老板信任，所以楚国权贵也奈何不了他。然而，吴起在政治上终究还不够成熟。因为，他不知道未雨绸缪，不懂得好好利用自己被楚悼王信任的时期，排除异己、树立党羽，为自己的未来铺平道路。说到底，还是不太会做人。


## 中国好将军的结局

所以，楚悼王一死，吴起的政治保护伞立刻就没了。权贵们立刻就要造反杀吴起，可见吴起有多么不得人心。吴起当时大概有六十岁了，不再是他年少时在家乡一口气能杀三十余人的身板了，他只能逃跑。吴起还算聪明，知道楚国有一条律法——伤害国君尸体的人要被夷族，他最后无处可逃就跑去伏在楚悼王尸体上，想借自己大老板的尸体做人肉盾牌。但楚国权贵居然不管这个，直接朝吴起和楚悼王尸体放箭，乱箭射死了吴起。吴起和他的大老板一起变成了刺猬。

国葬完了以后，楚肃王即位，马上就来搞清算，夷族七十多家。这件事这么安排，是有很高政治智慧的，堪称一石三鸟。第一鸟，是吴起，吴起功高盖主，对于新君来说，是个威胁，死了最好；第二鸟，是那些作乱的权贵，吴起虽然是个威胁，但是变法绝对是对国家有利的，干掉那些王公权贵，是为变法改革扫除政治异见的一个方法；第三鸟，是剩下的王公大臣，楚肃王一上来就杀那么多人，自然在群臣面前树立了威信。

所以，吴起，一代名将，一代改革家，帮助了战国两个国家成为强国的牛人，却在乱箭之下死在了他大老板的尸体旁边——这就是他的下场。

很多人都这么认为，名将一般不会有什么好下场，因为杀人太多，会遭报应。而改革家也好不到哪里去，战国最有名的改革家——商鞅，下场几乎跟吴起一样惨，死了之后还要被车裂分尸并夷族；后世改革家，如王安石、张居正，虽然下场不至于那么惨，却也是受到了很多不公正的对待。这么说来，作为名将加改革家的吴起有这样的结局简直是必然。

不过，对于我们来说，吴起能给我们最大的启发是——要学会做人，普通人如此，有能力的人更要如此。不要因为自己有能力、有成就、有名声就去轻视别人，要广泛团结一切力量。吴起虽然师从曾子和子夏，据说还是《春秋左氏传》（即《左传》）的真正作者，但依然有很多地方没有学到家啊！

最后，让我们用太史公司马迁对吴起的评价作为这段的结尾吧：

> 吴起说武侯以形势不如德，然行之于楚，以刻暴少恩亡其躯。悲夫！

# 第四篇

# 士为知己者死

时间：周威烈王二十三年—周安王五年

　　　　（前403—前397）

人物：豫让、聂政

内容：战国两位著名的刺客

　　但凡办公室某位女同事哪天突然从女汉子形象摇身变成淑女形象，我们大都会调侃她一句："女为悦己者容。"这句话前面还有一句，是"士为知己者死"。这句话是名言，但比较特别的是，这句话最先是从一个刺客嘴里说出来的。今天我们就来说说刺客的故事。

## 何为刺客

　　"在一个月黑风高的夜晚，刺客潜入了目标的住宅。那人在床上熟睡，刺客端详了一会儿，抽出匕首，朝着目标的要害处戳了下去。寒光一闪，那人已经一命呜呼了。没有任何人察觉。刺客从窗户溜了出去，匆匆消失在夜色里……"

刺客作为一个特殊职业，其主要工作是杀人，置人于死地；主要手法是暗杀，即悄悄地杀害。古今中外，从事这种职业的人虽然稀少，却好像从来也不缺乏。很多有名的政治人物都死于刺客暗杀，比如美国总统肯尼迪，中华民国时期著名政治家宋教仁等。有些名人虽然没死，但是也有被暗杀的经历。

这个世界上也存在着很多刺客组织，例如传说中的血滴子，苏联的克格勃，现在的CIA、军情六处、摩萨德等。

为什么会存在刺客这样一种职业？大多数情况下，刺客都是为了帮助雇主去完成一些不可告人的事情，达成某些邪恶的目的。不过，《资治通鉴》上最先出现的这两个刺客，却是非典型的刺客。

## 豫　让

豫让是智伯（即前面提到的智宣子的儿子瑶）的家臣，就是那位脑袋被赵襄子漆成酒杯（一说尿壶）的智伯。智伯也不是豫让的第一任老板，在那之前，他还曾经在范氏和中行氏那里干过事。后来范氏和中行氏都被智伯灭了，他才转投到智伯门下。

话说智氏被灭族了之后，豫让逃到了山里头，他想了想，觉得这么着不是个事儿。所谓"士为知己者死，女为悦己者容"，智伯对他很好，他应该出去给主公报仇才是。于是豫让就重新出山，谋划暗杀赵襄子。

豫让先是改名换姓，伪装成受过刑的人，跑到赵国宫中去打扫厕所。这说明豫让还是挺聪明的，知道人在解手的时候防备都是很弱的，于是他决定在厕所下手。这天，赵襄子跑来上厕所，上着上着，忽然心里一紧，赶紧提起裤子跑了出来，让底下人把厕所搜查了一遍，结果发现了怀揣着匕首的豫让。

赵襄子就问他："你为什么要杀我？"

豫让说："我要为我家主公智伯报仇！"

赵襄子的手下听了，就要杀了豫让。但赵襄子却说，这个人是真义士、真汉子。智氏都被灭族了，毛也没剩下，这个人居然还想着要为他们报仇。放了他吧，我自己小心一点儿就好了。

豫让死里逃生了一次。但他不甘心，于是计划第二次暗杀，继续做他的"城市猎人"。

但是因为他有过一次不成功的暗杀经历，赵襄子的手下都认得他了，而且知道他要报仇，肯定对他特别留意。他想，他得改变一下容貌才行。

那时候韩国还没有整形医院，不，那时候还没有大韩民国，所以，豫让只好自己给自己整形。

豫让之前是智伯的宠臣，也算是晋国的贵族，估计长得挺英武，穿着也比较讲究。但这次他是下了复仇的决心了。

他先是把漆涂在自己皮肤上，把皮肤搞烂，跟癞子一样；然后生吞炭火，把自己的嗓音变嘶哑。为了方便执行计划，他跑去市井里要饭，把自己变成了乞丐。这次易容变声非常之成功，连他朝夕相伴的妻子都认不出他了。

有个朋友认出了他，见他自残成了这样，不禁流下了眼泪。

朋友说："凭你的才能，如果去给赵家打工的话，肯定能成为他身边的宠臣，到时候你再下手报仇，不是很容易吗？"——

朋友是要让他打入赵国内部接近赵襄子，这样下手会容易很多。他朋友说得没错，这样的计划可行性要高得多。

但豫让回答他："怀有二心侍奉主公是不义的，是有悖君臣伦理的。我知道我现在这个计划代价很高，但我这么做，就是想让全天下和后世那些怀有二心的人感到惭愧。"

豫让报仇，是为了实现他心中的大义；并且为了实现大义，他还要保证实现的过程也是忠义的。为主公报仇雪恨与遵守君臣伦理，对于豫让来说，后者的义更甚于前者。

豫让摸清了赵襄子常走的路线。路线上有一座桥，于是豫让埋伏在桥下，准备等赵襄子过桥的时候暗杀他。这天，赵襄子骑马过来了，这次赵襄子到没有心紧，反倒是马惊了。于是，又派人搜捕了一番，发现了豫让，这次便没有再放他了，而是把他杀了。

以上是《资治通鉴》的全部记载，以及一些我添油加醋的部分。

看了这些记载，有如下几个地方让人颇感疑惑：

问题一：豫让在范氏、中行氏、智氏三家都任过职，为何唯独对智氏那么忠心？为什么不灭了智氏替前两个东家报仇？

问题二：灭掉智氏的是三家，赵氏、韩氏、魏氏，相比于赵氏，作为叛徒的韩氏、魏氏更可恶，豫让为什么不杀他们？

问题三：为什么豫让每次暗杀都会被发现？一次是心紧，一次是马惊。难道赵襄子冥冥之中有天佑？

第一个问题的答案可以在《史记》上找到。

《史记·刺客列传》上记载，豫让第二次暗杀失败，赵襄子跟他之间还有一段很长的对话。赵襄子直截了当地问他，为什么你不为范氏和中行氏报仇，专为智氏报仇？豫让说，范氏、中行氏是"众人遇我"，我也是"众人报之"；而智伯是"国士遇我"，我当以"国士报之"。

这是"士为知己者死"的一个注脚。

所以，那些总是嫌弃自己员工不够拼的老板们，颤抖吧，员工在工作上不够拼，很有可能是因为你们对他还不够好！

关于第二个问题，从某种意义上来说，豫让已经完成了对韩氏、魏氏的复仇。

记得前文所述的豫让和他朋友的对话吗——"将以愧天下后世之为人臣怀二心者也！"当年韩氏、魏氏跟智氏的关系，也是某种意义上的臣属，但是他们最后却背叛了自己的主人。豫让通过自己忠贞的行为，来羞辱韩氏和魏氏，让他们被后世所耻笑，也算是一种报仇了。

那么第三个问题，也是最让人疑惑的问题——赵襄子每次都能通过心紧、马惊这样奇特的方法事先发现豫让，难道真的有天意？

我觉得这事儿有两种可能。第一种可能，赵襄子知道自己很多事情做得太过火，心里有负担，总是疑神疑鬼怕别人来暗杀他，所以经常心紧，动不动就会下令搜查一下厕所、卧室什么的。

第二种可能，这是豫让故意安排的结果。第一次在厕所被发现，可能就是个巧合；也可能是因为豫让第一次从事暗杀任务，易容不太成功的关系。豫让之前可能认为赵襄子是个非常暴虐、不讲道义的人，没想到他被抓住以后反而被赵襄子夸奖为"义士"，还毫发未伤地把他释放了，赵襄子的这种宽容打动了豫让，豫让不是不懂道理的人。刺客被抓，本该处死，赵襄子却就这么放了他。

于是，赵襄子也算是对豫让有恩了，更重要的是，豫让希望赵襄子这样具有高尚品格的国君能继续生存下去，所以豫让选择在桥下暗杀赵襄子时故意失手。《史记》上写，他第二次被抓的时候，要求赵襄子把外衣给他，他"拔剑三跃而击之"，说："吾可以下报智伯矣。"然后伏剑自杀。对于豫让来说，这是他最完美的结局——报了智伯的恩，报了赵襄子的恩，于自己无愧。

我更愿意相信这样的解释。

豫让是个懂道理的人。豫让是个真正有大义的人。

故事是故事，揣摩归揣摩。只是，现在还有豫让桥，却从未听说过智伯路。


## 聂 政

聂政的事情比豫让晚了四十多年。

《资治通鉴》上记载聂政的事情用的笔墨很少，以一句"盗杀韩相侠累"开头。这个"盗"就是指聂政了。看来光哥和他的小伙伴们是不太喜欢聂政的，把他定性为"盗"，不是好人。

虽然文字记载不多，但时间跨度挺大的。侠累是韩国的贵族，很久以前，他跟韩国一个大臣严仲子互相看不顺眼，关系紧张。严仲子不是韩国人，加之侠累是韩相，严仲子怕哪天自己客死他乡，就逃离了韩国。但他咽不下这口气啊，边逃边物色合适的刺客人选帮他去刺杀侠累。他听说聂政非常勇猛，于是跑去聂家，拿出黄金百镒给聂母祝寿，想让聂政替他报仇。聂政怎么也不肯接受这些黄金。他对严仲子说，老母亲还活着，需要我奉养，我还不能去做需要牺牲自己生命的事情。直到聂母过世之后，聂政才答应严仲子。

于是，聂政就直奔韩相府。侠累是韩相，所以他的护卫亲兵很多。但聂政直接冲了上去，杀掉了侠累。随后，他自知难逃就自行毁容，又抠眼切腹，死在了相府。韩国人在集市上将他暴尸，并且悬赏要知道他的身份，却没有人知道。

聂政的姐姐听说了，跑去韩国。看到尸体，她就哭了，说这是她的弟弟聂政。他之所以要毁容藏匿身份，是为了不给我制造麻烦。可是我怎么能为了自己的性命，而阻碍贤弟流芳百世呢？于是就自杀死在了聂政的身旁。

《史记》上的相关记载就要长得多了，很多细节的加入使得聂政的故事更加丰满。《史记》上说，聂政因为在老家杀了人，所以带着母亲和姐姐逃了出来，以做屠夫为生（战国真是乱世，私斗杀人的频率还真高，感觉身上不背几条人命都成不了大事）；聂政去找严仲子的时候，是在完成了对母亲的守孝之后才去的，而且也是觉得严仲子这哥们儿够意思，那么高的地位还跑来拉拢我这么一个卑贱的屠夫，感觉是自己欠他的；在制订刺杀计划的过程中，严仲子还提出，由于侠累身边亲兵很多，因而要给聂政多配帮手，这个建议却被聂政拒绝了，理由是人多嘴杂，容易泄漏；聂政姐姐去认尸的时候，聂政的尸体已经暴尸很久了；最后，聂政姐姐在死前还大喊了三声"老天"。

《史记》里还记载了当时社会舆论对这件事的评价。当时其他国家的人听说后（估计有点幸灾乐祸的意味），都认为聂政是个人物，他姐姐也是个烈女。如果聂政知道他姐姐会是这么个结果，估计他也不一定敢行事了。而严仲子呢，还真是个慧眼识人的人啊！

总而言之，太史公司马迁的记述，故事性更强，人物性格塑造也更丰满。但故事梗概跟《资治通鉴》里面是差不多的，只是详略不同而已。

总结一下，聂政起初拒绝严仲子是为了"孝"，而后答应严仲子是为了"义"，制订暗杀计划是"智"，成功实施暗杀则是"勇"。这么说来，聂政堪称孝义智勇兼备的汉子。那为什么光哥却一口定性他是个"盗"呢？

光哥可能是觉得聂政跑去帮严仲子杀人，这所谓的"义"，是"私义"，而非"公义"。光哥毕竟是个宰相，要为全天下树立良好的价值观，并做好榜样。他希望天下的侠士能勇于公义、懈于私利。

可我觉得光哥迂腐了。聂政是个好儿子、好弟弟，也是个能为知己两肋插刀的好汉。在那个见利忘义的时代，在那个人人危而自保的年代，能有这样一个铁骨铮铮的汉子，为恪守孝道而对财富说不，为报知遇之恩而舍身成事，这是多么难得的事情啊！至少在聂政身上，我看到了孝义战胜了利益。

但更不可思议的是他姐姐。本来能够安定平实地过完一辈子，却为了成就自己弟弟的名声，死在异国的集市上。对于利己主义者来说，这简直是惹祸上身的极佳负面教材，但这种品格是真正值得我们仰望的。

最后，八卦一下，聂政在中国音乐史上也很有名。聂政的故事后来在民间传来传去，很多内容都跟史书记载不一样了，甚至还加入了一些豫让故事中的成分，最后成了一个传说，说聂政依靠弹琴刺杀韩王，死前自毁容貌，天下莫知。当时的音乐人根据传说故事（而非史书记载）编了首叫《聂政刺韩王曲》的曲子，后来一直非常流行，位居中国音乐榜中榜Top10数百年。

这首曲子还有另外一个名字，大概更有名一点儿，叫《广陵散》。

这曲子，嵇康临刑前还在弹，可能是为了遥想聂政弹完这曲后皮面决眼、自屠出肠的惨状，相比之下自己一会儿只是脖子上挨一下就完事的情形，可以消除自己的恐惧感吧。

# 第五篇

# 财经对话：魏文侯董事长专访

时间：周威烈王二十三年—周安王十五年

      （前403—前387）

人物：魏文侯、吴起、李悝、魏击、翟璜、

      魏成子、西门豹

内容：魏国崛起和魏文侯的用人之道

**主持人**　大家晚上好，欢迎收看本期《财经对话》节目。

大家都知道管好一个公司很难，而在一个混乱无序的市场里面管好一个公司更难。那在我们现在这个战国时期，应该怎么去管一家公司呢？我们今天特地请到了目前中国最炙手可热的企业家魏文侯魏董来到我们的现场，请大家热烈欢迎大魏公司董事长魏文侯和他的管理团队登场！

（掌声）

**魏文侯**　大家晚上好！

**主持人**　魏董，欢迎参加我们的《财经对话》节目。虽然您昨天刚登上《春秋人物》杂志的封面，但按照我们节目的惯例，还是请您先做个简单的自我介绍吧。

**魏文侯**　好的。我是大魏公司上市后的首任董事长魏斯。我的祖父魏桓子创立了大魏公司。当时智氏集团由于经营不善，被我祖父和他的两个同事拆分了，拆成了大魏、大韩和大赵三家公司。后来，晋国又搞国有制改革，当时监管也不是特别严，三家公司就趁着这个机会收了不少优质资产，公司业绩蒸蒸日上。到了我这一辈，周朝证监会批准了我们三家的IPO计划，终于实现了我们祖辈的梦想。

**主持人**　最近大魏公司的多元化经营搞得有声有色，许多分析师都对大魏公司的股票前景十分看好。我们想当面问问魏董，您觉得您在管理方面最大的成功经验是什么？

**魏文侯**　（略沉思）目前是战国时期，市场非常缺乏有效的监管。在这个乱世要想脱颖而出，我觉得最重要的是你得有一支具有长远视野、超强执行力的国际化团队。

**主持人**　就是强调以人为本？

**魏文侯**　在战略层面上，可以这么说。

**主持人**　那您是否可以向大家透露一下，以人为本的战略是如何落实的呢？

**魏文侯**　嗯，这是个非常好的问题。现在很多公司的老总都在讲以人为本，但是在我看来，他们只会说，不会做。他们以为开高工资、高福利，就能招来非常牛的员工。我今天趁这个机会，想告诉大家，这种观念都是不对的。

首先，人才需要分类，不同类型的人才的价值不一样，吸引方式也不一样。

大魏公司自上市以来，在监管下，建立了非常有效的公司管理制度。别看我是董事长，但是，我很多时候要听董事会或某位董事的话。我们公司的董事会，除了我之外，还有三位成员，卜子夏（即子夏）、田子方、段干木。

主持人　哇，那确实是超级豪华的阵容！卜子夏是孔子最著名的门徒之一，而田子方是田齐分支中一位非常有头脑的学者型官员。这两位都是天下皆知、响当当的人物。不过，段干木先生我倒不太了解。这位段先生做过什么大事吗？

魏文侯　段先生平时非常低调。他的祖先姓李，后代来了魏国以后才改姓段的。他的祖先叫李耳。

主持人　……难道段先生是那位被称为"老子"的李耳的后代？！

魏文侯　（得意的）正是，呵呵。

主持人　那确实很了不起！但是这些大牛人，魏董您又是靠什么方法把他们吸引过来的呢？

魏文侯　嗯，招牛人很不容易，要花很多心思，因为这些大牛不是单单靠钱就能打动得了的。前两位，卜董和田董，我一直把他们当作老师来奉养和尊敬，这才是真正打动到他们的地方。

至于段先生，因为他为人低调，平常都宅在家里，足不出户。我几次求见也都未能见到他。所以，我只好每次在路过他家的时候，对着他的房子默默施礼。当然，这样坚持了很久，才最终把他请到。

主持人　我觉得我们应该为魏董这种礼贤下士的精神鼓一下掌。

（台下热烈的掌声……）

魏文侯　谢谢！

主持人　其实我们知道，魏董之所以那么成功，除了他们的董事会精英荟萃之外，他还拥有一支年富力强、能力超群的中层管理团队。让我介绍一下坐在魏董身后的中层管理团队，来到现场的这几位是：西部大区总经理、"中国好将军"吴起先生（热烈掌声），邺郡负责人、成功肃清当地"河伯娶媳妇"陋习的西门豹先生（掌声、笑声），中山市场总经理、帮大魏打下中山市场的乐羊先生，公司首席法律顾问、著名法学家李悝先生（掌声），公司培训负责人屈侯鲋先生，以及魏董的公子，现任中山市场业务负责人的魏击先生（掌声）。另外，来到现场的还有两位CXO级别的高管：CEO魏成子先生（热烈掌声），COO翟璜先生（热烈掌声）。感谢各位百忙之中来到现场！

　　**主持人**　在此，我想问问大家，为什么大家会选择跟着魏董一起创业打天下？

　　**吴　起**　我先来说说吧。大家知道，我之前在一家规模比较小的民营企业鲁国公司打工，在一次市场战役中，我帮他们干掉了大齐公司，使得鲁国公司在山东地区站稳了脚跟。但没想到的是，那之后，老板却对我非常不放心，同事也对我非常嫉妒，总是在老板面前说我坏话。这让我觉得继续在这种小公司混下去没什么前途，氛围太差，每天都在琢磨搞人，不琢磨干事。于是我就想来大魏这样有实力的大公司试试看。我知道我当时个人名声不太好，社会上很多人对我指指点点，但是魏董对我却非常放心，把整个大西部都交给我让我放手去经营。我对这点非常感激。对我来说，老板的充分信任以及给我提供足够宽广的平台，是我一直跟着魏董的主要原因。

　　在此，我也想趁这个机会，谢谢魏董！（鞠躬，热泪盈眶）

　　（台下经久不息的掌声）

主持人　可以了可以了，最近新闻出版广电总局严厉打击这种煽情的催泪弹镜头，吴先生您再哭下去我们可就要被停播咯！

（笑声）

（吴起破涕为笑，入座）

主持人　还有哪位高管想要说一下对魏董的看法吗？

魏成子　那我也趁这个机会拍下魏董的马屁吧。（笑）我最佩服魏董的一点：他是个非常信守承诺的人。有一次我们高管搞团建，大家在一起很高兴，等散的时候已经很晚了，天下着大雨。我们让公司安排车送魏董回家。魏董却一拍大腿，大喊了一声，忘了！然后对司机说，要去一下郊县。我们就问他，今天喝了那么多酒，出来也晚了，又下大雨，为什么要去郊县呢？魏董就说，之前约了仓库保管员，说今天去他那里看一下仓库。今天不过喝了点儿酒，下了点儿雨，怎么能失约呢？于是，就坐上车过去了。据说，他最后被淋得一塌糊涂。这件事……（掌声打断）这件事给我的印象特别深。大家都在说什么"泱泱大国，当以诚信为本"，但是放眼看去，真没几个人真正做到的。像魏董这样的，对仓库保管员承诺的事情都不会失约，真的很难得。这说明魏董是一个特别守信、正直的人，我觉得跟着这样的董事长特别幸运。

（掌声）

主持人　嗯，所以去年华夏电视台评选的中国最佳雇主才会给了大魏公司，确实有非常多值得我们思考和学习的地方。下面，台下观众有什么问题想要问的？现在可以举手。那位穿盔甲的帅哥，对，别回头看了，就是你。

观　众　我有个问题想问一下魏董的高管团队。你们这个团队都是很厉害的人。我听说，一般一群太强势的人在一起，容易吵架、明争暗斗什么的。不过今天看起来似乎你们的团队没有这个问题。我想问问你们是如何维持这么融洽的团队氛围的？

翟　璜　谁说我们不吵，我们也吵，而且有时候也吵得脸红脖子粗的。不过，按你说的，我们都是很厉害的人，所以我们做事都很理智，讲道理，不是像泼妇那样吵的。当然，肯定也难免有秀逗的时候，哈哈。

举一个我自己的例子吧。最早的时候，魏董是自己身兼董事长和CEO的。后来，觉得分身乏术，准备从下属中提拔一个做CEO。于是就找了李悝李顾问，问问他的看法。那时候，我觉得自己是众望所归的，所以脸皮很厚，等李悝从董事长办公室出来，就追着他问，你向董事长推荐了谁。李悝说他推荐了魏成子。我当时觉得气不打一处来，就很不高兴，质问他，现在公司主要中层，都是我推荐的，像吴起、西门豹、乐羊，包括你也是我向老板推荐的。基本上公司的核心团队都是我的兵，我哪里不如魏成子那老小子了？！

主持人　当时火气还挺大的？

翟　璜　对，当时真的是怒发冲冠啊！

魏成子　那是因为翟总喜欢涂摩丝的缘故。

（笑声）

翟　璜　哈哈。不过李悝当时很冷静，就跟我说，是，中层那五个人，确实都是你推荐、你带出来的。但是你想想，魏成子当时拿一万一个月的时候，自己只用一千块钱，另外九千块钱都花在结交人才、给公司物色人才的事情上了。所以最后帮助老板请到了卜子夏、田子方、段干木这三个人进入董事会。这样一看，你怎么能跟魏成子比呢？

（镜头扫过魏成子，他笑而不语）

李　悝　（插话）对，我那个时候还说了句挺刺激老翟的话。我说，照你这么说的话，难道你当时推荐我的时候，也是想着以后上位的时候能有人支持你吗？我当时也是豁出去了，什么情分啊、交情啊都顾不上了。不过，让我也很意外的是，老翟当时就被我说得很不好意思了，一直向我道歉，说自己书读得少，没文化，要多向我学习。我觉得老翟能做到这一点儿也是很不容易的，真的。

其实，魏董当时问我意见的时候，我不是很想掺和，怕得罪人。但是魏董说，做管理就不能怕担责任。我觉得对，不能逃避，还是要直接，有啥说啥。于是，我就跟魏董说，其实很明确了，看这五件事就知道应该选谁来做CEO了：看他平时亲近什么人，富贵的时候钱花在什么地方，显赫的时候推荐什么人，穷困的时候看他所不做的，贫贱的时候看他所不取的。魏董听了以后，拍拍我的肩膀，说，谢谢老李，我知道了。

（台下掌声）

魏　击　（接话）对，其实我特别喜欢这种直截了当的沟通方式，特别有效率。这可能跟我年轻有关系。我当时也是，仗着自己老爸是董事长，年纪轻轻就去负责中山这个大市场的业务，也不知道天高地厚。刚去的时候就觉得自己很牛，看那些基层员工，四五十岁了，还在基层待着，也不积极要求升职，就觉得他们很没出息，不太尊重他们，喜欢看低他们。

有一次，田子方田董来中山了，当时不知道他是特地跑过来教育我的（笑）。他那次是突然过来的，我在公司碰到他，他毕竟是董事，我就跟他打招呼。田董看都不看我就从我身边过去了。我当时气一下子就上来了，就上去抓住田董，骂他，你是董事，很牛啊？你个糟老头子，很牛啊？

主持人　你当时敢骂董事啊？不怕被开除啊？……

魏　击　当时年轻，还不是董事……不不，还不懂事嘛（自己笑，台下笑）。田董当时跟我说的话，我到现在都印象深刻。他就接过我的话茬儿说，董事是一点儿也不牛的，但糟老头子就是真牛啊。董事长如果假装很牛，那公司就要垮掉；高管如果假装很牛，他管的那摊子事情就肯定要走下坡路。董事长如果搞垮了一家公司，还会有别家公司请他去做董事长吗？高管搞烂一摊子业务，老板还敢把别的业务交到他手里吗？但像我这样的糟老头子，如果在这里做得不开心，辞职随便再找个工作，很容易的，糟老头子在哪里不都是糟老头子嘛！

（场下大笑，掌声）

主持人　其实田董是想告诉你，基层员工的忠心很宝贵，所以要好好善待他们，不能寒了他们的心。

魏　击　是的，就是这个道理。不过田董这种犀利的风格也给我留下了很深刻的印象。

主持人　那田董在公司还找过其他人的麻烦吗？

（众高管面面相觑）

西门豹　还是我来讲吧。田董还找过魏董的麻烦。

主持人　这个料儿有点儿劲爆啊，西门先生，快给大家详细讲一下。

西门豹　事情是这样的。有一次，魏董跟田董两人去车间看产品。魏董很细心，看到成品线上有个次品，就拿起来对在场的人说，这个产品左半部分高出来了一点儿，怎么回事？现场气氛一下子就很严肃了。田董当场就哈哈大笑了起来。魏董有点儿不高兴，就问他笑什么。田董说，我听说，公司负责人关注的是质检制度和质检负责人，而不是去知晓一个产品是成品还是次品。今天魏董你很明白产品是成品还是次品，天天在这里盯产品，我怕公司的质检制度派不上用场，制定出来也实施不了，而质检负责人也得不到锻炼，越来越不称职。

主持人　那魏董听了什么反应呢？是不是特别尴尬？

魏文侯　不，我当时特别开心。我真的非常需要有田董这样的人，经常指出我的问题，帮助我进步。董事长有自己的职责和重要工作，不应该去管那些细碎的事情；而且，我们这些老头子所有事情都亲力亲为了，年轻人怎么能得到成长呢？

（掌声）

主持人　好的，由于时间关系，最后一个问题。那位穿红色长袍、盘了个发髻的美女。请工作人员把话筒递给她。

观　众　魏董好，主持人好！我也是做市场的，是大韩公司的。魏董当时有一个市场策略我特别不理解。前两年不是大魏、大韩、大赵市场份额差不多吗，我们大韩集团想跟大魏合作，联合打压大赵产品在市场上的份额，但魏董一口就回绝了。当时我们韩董特别生气，在办公室破口大骂，说魏董鼠目寸光、妇人之仁。我想听听魏董当时是怎么想的。

魏文侯　你们韩董当时不知道，其实那个时候，赵董也找人跟我说，要我们两家联合起来打击大韩公司。

观　众　有这回事儿？

魏文侯　对，有这回事儿。我当时是这么想的：两年前那个市场情况，每年的市场增量还很大，我们每家不用打来打去，专注做好产品和用户体验，靠每年的市场增长就能实现一年翻两番。但如果打价格战呢，到时候产品价格低了，利润也低了，每家现金流都会短缺，花在用户体验上的心思也肯定少了，产品就变差了。这样下去是个恶性循环。所以，我的想法是，每家专注做好自己的事情，三家联手把蛋糕做大，不要动不动就找人掐架打价格战，这样不好（笑）。所以最后哪家的提议我都没答应。

主持人　这个决策确实很有战略眼光，所以最后大魏公司才能成为市场上最大的一家企业。

主持人　好了，由于时间关系，我们今天的节目就要结束了。让我们再次感谢魏董和他的团队跟我们分享了这么多有价值的经验和思考！

（经久不息的掌声）

（大魏高管起立，向台下致谢）

主持人　朋友们，下期节目再见！

# 第六篇

# 亡命之徒商鞅（上）

时间：周显王八年—周显王十年

（前361—前359）

人物：卫鞅、秦孝公

内容：卫鞅入秦以及说服秦孝公变法的故事

魏国在魏文侯的领导下，一度成为战国时期最强大的国家。魏文侯过世后，他的儿子魏击即位，成了魏武侯。但随着魏国牛人死的死、走的走，魏国的老大地位也逐渐不如原来那么稳固了。魏武侯死的时候，并没有立太子，他的儿子魏罃和公子缓争夺统治地位，魏国开始了数年的内乱。

韩、赵两国看到魏国内乱，趁乱出兵伐魏，大破魏军，杀到城下。但是，这个时候，韩、赵两国的主公却有了不同意见：一方说，杀了魏罃，立公子缓，然后让魏国向两家割地；另一方则说，不如把魏国分为两个国家，这样国力就大大减弱，不再能威胁到我们了。这两个方案其实都很好，若加以实施，都能实现实质性削弱魏国的目的。若他们任选其一，魏国乃至整个战国时期的历史走向可能就会完全不同了。但问题就在于，这两国当时却不知搭错了哪根筋，谁也不肯妥协，所以最后各自撤兵，不了了之了！

韩、赵两国撤兵后，魏罃成功灭了公子缓一党，夺得了魏国统治权，成了魏惠王（就是《孟子》里头那个跟孟子讨论义、利问题的"梁惠王"）。虽然魏国没有被亡国，但其国力这时候已经大不如前了。

而恰恰就是在魏惠王时代，战国时期最重要的人物登场了。


## 卫地多君子

卫鞅，也称公孙鞅，从他的姓可以看出，他是卫国公族的子孙。只不过，不幸的是，他是庶出的。这意味着他不可能成为卫国国君的继承人。于是，他从小就学习刑名之学（法家学派），并跑去他国寻求机会，期望能凭着自己的实力出人头地。

这里先打住。

我不知道大家有没有注意到，卫鞅是"卫国人"。这个"卫国"虽不是战国七雄，却是个人才辈出的地方，纵观整个战国时期，到处都能看到卫国人在他国折腾。

别看卫国是个小国，不起眼，但卫国在历史上的地位并不低。首先，它的生存能力强。它是东周列国中最后一个灭亡的，比它的宗主国周王朝还要"长寿"十几年。第二，卫国有文化。"卫多君子"这句话是春秋时代很有影响力的"延陵季子"老先生说的。而我们尊敬的至圣先师孔老夫子周游列国十四年，其中十年都待在了卫国，恐怕也是因为卫国有很多能和他谈得来的君子吧。

战国时期卫国人才辈出。除了卫鞅，还有之前讲过的吴起，秦始皇的"仲父"（也可能是亲生父亲）吕不韦，中国历史上最著名的刺客荆轲等，只可惜都是服务于其他诸侯国。

这几个人都有如下相似之处：

第一，均不服务于祖国，但都发达于他国——吴起仕魏、楚，卫鞅和吕不韦仕秦，荆轲仕燕；

第二，都不是什么特别"君子"的人——两个刻薄寡恩的改革家，一个善用阴谋诡计的商人，一个图穷匕见的刺客。

简单地说，我觉得应该授予这帮人一个统一的荣誉称号：亡命之徒。

真让人纳闷，一个号称"多君子"的国家，怎么净出现些叛国投敌、诡计多端、刻薄寡恩的亡命之徒呢？

我来尝试着解释一下。

周朝没有义务教育，国民文化水平很低。但卫国则有很好的文化传承和文化氛围（这也是为什么秦始皇迟迟不灭卫的一个重要原因），所以卫国人的素质较其他国家的人来说，普遍高出不少。

而且，卫国本地是一个多君子的国家，拥有很淳朴的民风，喜欢搞文化研究，但不喜欢折腾。加上当时卫国国力不强，那些想出人头地、不走寻常路的人士在卫国本地得不到认同，也缺乏发展空间。于是，这帮人只能跑出卫国这个圈子，去他国寻求机会。

所以说，这些卫国的亡命之徒都是"非典型"卫人。作为亡命之徒，他们身上有以下特点：

第一，喜欢赌，喜欢冒险；

第二，胆子特别大，没有不敢干的事；

第三，很现实，手段无下限，毫无节操可言；

第四，做事很执着，有条件要上，没条件创造条件也要上；

第五，爱折腾，"No zuo no die."

好，现在回来说正事。

卫鞅最早在魏国工作。给魏相公叔痤打工。公叔大人很喜欢卫鞅，但还没来得及把他介绍给魏惠王，自己就得了重病，眼看就要不行了。魏惠王来看他，公叔大人就特别跟惠王说起卫鞅，说别看这小子年轻，但绝对是个奇才，大王啊，一定要把整个国家都托付给他啊。

魏惠王不是他爷爷魏文侯，没有那么独到的识人眼光和用人魄力。听了公叔痤的一番话，觉得没头没脑的，就嘿嘿笑了一声。公叔痤看到惠王这表现，就知道惠王估计把他的话当儿戏了，于是又说了，如果大王不用他，那就一定要杀了他，不要让他为他国所用。魏惠王暗地里心想，哥们儿你确实病得不轻啊，一个默默无闻的黄毛小子，五分钟前你让我举国听他，五分钟后你又让我杀他，这不自相矛盾吗？症状很严重啊。当然，惠王表面上还是很尊重公叔痤的，毕竟这位老人就要不久于人世了，就假装答应下来，权当哄哄他咯。

魏惠王离开了相府。公叔痤赶紧叫来卫鞅，把刚才的事情告诉了他，让他赶紧逃命。当时公叔痤为他自己这种前后矛盾的行为辩解的理由是——"吾先君后臣"。但这说不过去。老板在时一个样儿，老板走后马上换个样儿，这种"先君后臣"太流于形式，让人很难理解。我只能说，当时很多人的节操大概都是玻璃做的，没事就拍地上碎一地。

卫鞅则很冷静，他说："既然魏惠王不会听你的话重用我，那肯定也不会听你的话杀了我的。"于是继续留在魏国。卫鞅这个决定还是有很大风险的，但充分展现了亡命之徒爱冒险的特质。他这番话虽然听上去有些道理，但是，让国君把一个人作为国士来对待，和把一个人作为蝼蚁捏死，毕竟是完全不相干的两码事儿。如果魏惠王是个比较保守但又很冷血的人的话，卫鞅很可能当时就死在魏国了。不过，幸好，卫鞅赌赢了，所以，他继续留在魏国快乐地玩耍。

## 秦孝公招贤

差不多这个时候，秦孝公上位了。在春秋的时候，秦国在秦穆公的领导下，一度非常强大。但秦孝公接管秦国的时候，情况却有点糟糕。一方面，秦国当时的国力比较弱小，历史上很重要的河西地区，在前阵子被魏国的吴起夺走了，河西地区是当时的战略要地，有河有山，易守难攻，不过秦国当时也没有力量夺回来；另一方面，秦国在当时是个特别不受待见的国家，那些自诩文明古国的山东大国，都认为秦国是夷狄之地，觉得他们是野蛮人，不愿意跟秦国来往，排斥他们。

秦孝公即位的时候才二十一岁，可谓是意气风发，他下决心要改变这个局面。于是，他就在国内发了个通告，招贤纳士帮助他改变秦国的现状，重新恢复秦穆公当年的风采。

并且他给出的条件也十分诱人——"与之分土"。言下之意是，如果干得好，你自己也能做一个诸侯。

我们知道，现在的公司挖人才给一些股权不是什么新鲜事。但如果给你的报酬是一个公司，听上去是不是更有吸引力呢？

秦国当时绝对是落后国家（后面会讲落后到什么地步），但在这种许以重赏的情况下，仍能吸引到牛人，并成功实现短时间内崛起的目的。

卫鞅当然不会错过这个机会。从回报上来看，这恐怕是当时最好的工作机会了。于是，他找到了秦孝公的宠臣景监——估计是给了不少好处费的，不然怎会推荐一个啥背景啥资历都没有的黄毛小子——让他把自己推荐给了秦孝公。

> 《资治通鉴》上记载："（卫鞅）说以富国强兵之术，（秦孝）公大悦，与议国事。"

不过，太史公在《史记·商君列传》里的记载却不太一样。说卫鞅一共见了秦孝公四次，才真正把他打动。按照《史记》中卫鞅自己的说法，第一次会谈，他用尧舜治国的方法（帝道之术）劝说秦孝公，秦孝公完全不感兴趣，听着听着就睡着了；第二次会谈，他用禹、汤、文王、武王治国的方法（王道之术）劝说，秦孝公还是听不进去；第三次会谈，他讲了春秋五霸的治国方法（霸道之术），秦孝公开始感兴趣了；最后一次，他讲了富国强兵之策，秦孝公彻底被吸引了。言下之意是，秦孝公其实没有什么雄才大略，只是想能快速富强而已——纯粹的"暴发户"心态。

太史公在《史记·商君列传》最后的结语中这么评论这一节："迹其欲干孝公以帝王术，挟持浮说，非其质矣。"意思是，卫鞅当初用帝王之术游说秦孝公，凭借的是虚浮的言论，并非他有真才实学。

光哥大概觉得这个故事根本就是杜撰，所以干脆都没在《资治通鉴》里面提。

我也觉得这是杜撰，很有可能是当时什么人加上去的。刚才说了，秦国在山东六国眼里，就是个蛮夷。但是后来蛮夷国家富强了，甚至统一了中国，山东六国就接受不了了。富强的根儿在哪儿呢？就是商鞅变法。所以，我估计是山东六国的文人们编出这个略带酸味的情节来，贬低秦国是依靠下三烂的方法才得以崛起，贬低秦孝公是个没有远见卓识的暴发户，贬低卫鞅是个没有原则、为达目的不计手段的人。

呵呵。阿Q精神从那个时候就已经有了。

下三烂也好，没有原则也好，结果是，卫鞅进入了秦国朝廷。


## 舌战群儒，开始变法

进入秦国朝廷只是第一步，不取得实际的成效，也没有办法得到裂土封侯的待遇。所以，卫鞅需要继续努力。

做大事的人，必须得能折腾。我就观察过我和许多富豪朋友的差别。为什么我特别穷，他们却有很多财富？通过我的观察，得出的简单结论就是：他们比我能折腾。他们手里刚有几毛钱的时候，就开始研究理财了，把几张毛票从这个户头折腾到那个户头；而我至今都还弄不清我现在有几张银行卡，更别说倒腾钱了。爱折腾，是成大事儿的一个必要条件。

卫鞅就不缺折腾劲儿。他经过几年的调研，制定了一整套改革方案，并说服秦孝公在秦国搞改革。秦人听说了，当然不高兴了，说，我们在这块土地上生活了几百年了，都是认老理儿的，你个小瘪三一跑过来就要把我们的规则制度全都改了，凭什么？朝野上下一片反对之声。

秦孝公有点儿犹豫，毕竟那么多反对声，而且不少还是很有影响力的士族大臣，有点儿打退堂鼓的意思。卫鞅的执着劲儿立马就上来了。他对孝公说，这帮人，没有远见，不能跟他们谋划大事，只能给他们看结果。最厉害的人是从不随波逐流的，最成功的人是不盲从大众意见的。所以，如果想要强国，必须要放下包袱，进行改革。

甘龙，当时秦国名臣，也是孝公很信任的大臣，他跳出来说，这都是扯淡。按照原来的方法进行治理，官吏容易上手，百姓也会很安稳。言下之意是，维持现状，行政效率高，政治风险小。在此给甘龙辩白几句，他也不是什么老顽固，他比较推崇逐步改革，怕国内动乱，不想像卫鞅提议的那样一下子搞得很激进，而且他确实也是秦国的忠臣。

听甘龙这么说了，群臣纷纷附议。毕竟他们都是既得利益者，当然不希望出现大变动，安稳点过一生，多好。

卫鞅继续努力，当然他也是讲究辩论艺术的。他接过甘龙的话茬儿，说，普通人喜欢按照既有习惯生活，专家学者往往又局限于书本上的知识，这些人呢，让他们奉公守法，是可以的，但是让他们讨论现有政策法律之外的事情，就不靠谱了——这一棒子把反对变法的人都打击了，反倒把自己提升到更高的境界。

接下来卫鞅的话说得更尖锐了：有智慧的人制定法律，平凡的人实践执行；贤能的人变法改革，庸碌的人则受到礼法的约束。这是逼秦孝公站队呢：老板您是想做有智慧、贤能的人呢，还是想做一般人呢？

秦孝公心中的天平这时候已经往卫鞅这边倾斜了。

但反对派仍不肯善罢甘休，一个叫杜挚的大臣又跳出来说，没有百倍的利益就去变法，是不对的。并且如果不变法，政治上就完全不会有风险。杜挚认为变法的成功概率很低，所以如果变法不能带来比现有制度高百倍的利益的话，变法就不如守法，这种情况下，出于理性的考虑，就应该继续守法。这话其实说得很有水平。

卫鞅呢，却不入他的圈套，而是通过讲事实来打动秦孝公。他举了几个例子，商汤和周武（商周的开国君主）都是不沿袭旧制度的君主，最后的结果是他们取得了天下，而被他们取代的夏朝和商朝就是因为几百年不变更旧制度，所以才会落到个亡国的下场啊。

听到这里，秦孝公再也按捺不住了。他回顾自己的前几任的做法——维持成法，秦国一再被削弱。难道自己要做亡国之君吗？不！他当然要努力成为像商汤周武这样的伟人啊。于是，当时二十四岁的秦孝公当场拍板，做出了改革的决策。

卫鞅在政治上比吴起成熟。他知道决策权在谁手里，而且知道如何去打动决策者。秦孝公二十出头，正是血气方刚的时候，所以，用一点儿激将法是最合适的了。当然，这样一闹，另一个结果是，卫鞅和秦国其他大臣的梁子就结大了。

这个时候的卫鞅，拿到了国君给的尚方宝剑，终于可以开始大干一场了。那么，他究竟变了哪些法，最后得到了一个怎样的结局？且听下回分解。

# 第七篇

# 亡命之徒商鞅（下）

时间：周显王十年—周显王三十一年

（前359—前338）

人物：卫鞅、秦孝公

内容：卫鞅变法的过程和他的结局

对中国历史影响深刻的商鞅变法就这么开始了。

## 卫鞅变了些什么法

卫鞅一直忽悠秦孝公，说自己能让秦国在短时间内实现富国强兵，所以变法的主旨当然围绕着富国、强兵这两个主题了。

**富国政策：** 鼓励生产，对粮食丰收、布帛增产的家庭，免除劳役或赋税；对那些从事工商业（俗称投机倒把）以及因为懒惰导致贫穷的家庭，把家里的老婆孩子都收归为官奴；鼓励增加人口和户数，一家若有两个以上壮丁而不分家的，赋税加倍。

**强兵政策**：奖励军功，并明确奖励标准（同时也明确爵位等级，以及对应的福利待遇）；私事斗殴的，则根据情节轻重分别处以对应的处罚；王族里面没有军功的，不能列入家族名册；区分富与贵，有军功的能够显赫荣耀，没军功的即便很有钱也不能显荣。

嗯，上面是变法的主要内容，但不是全部内容，差了第一条：

**什伍连坐**——十家编成一什，五家编成一伍，互相监督揭发，一家犯法，十家连带治罪。揭发的人能获得跟军功一样的奖励，而藏匿的人则会受到跟叛国投敌一样的惩罚。

这条看上去跟富国和强兵都没什么直接关系，为什么卫鞅把它放在第一条的位置？

因为这一条是其他几条能够高效实施的基础。

大家知道，我们中国自古以来就是地大物博的国家。东周时期很多诸侯国的国土面积就已经超过了当今世界上很多国家了。那时候没有互联网，没有电话，没有电报，对于国家的统治者来说，要实现对自己国土的有效管理，是很不容易的。想象一下，如果你管着一百个人，跟每个人每天谈话五分钟，不吃饭不喝水不上厕所，那就已经八个多小时了，谈完刚好下班；如果你管一千个人，一个多礼拜，啥事儿不做，才能谈完；如果是一万个人呢……

你站在战国时期国君的角度想想，要在全国收个税或者抓个壮丁，是多么辛苦的一件事儿啊。

所以，卫鞅要对基层百姓实施编组管理，而且要以户为单位。

光编组还不够，还要让他们互相监视，让他们能够听从国家的号令，服从律法的管理。当然，平头百姓可没那么高的觉悟，自己过日子就好了，没事儿干吗去互相监视揭发，吃力不讨好。于是，就有了奖励检举揭发的制度，检举别人有奖励，藏匿别人有惩罚。但是，这还不够，因为统治者最想看到的不是因为这件事去奖励和惩罚百姓，而是希望根本就没有作奸犯科的事情发生。所以，再进一步，就设计了连坐制度。一家犯法，十家受罚。你邻居昨天偷了别人家一头牛，被人检举了，你全家也要跟着去坐牢！这法律实在太无耻了！但是没办法啊，毕竟是有暴力机关做后盾的。所以，我能怎么做呢？我只能每天盯着其他人，别去干作奸犯科的事情。这就从根儿上预防了作奸犯科。

这个制度对中国社会组织的构成影响极其深远。西方以人作为社会最小单位，而中国则是以"户"。而且，直到国民政府时期，这个制度都一直作为统治手段在实施，当时叫"保甲制度"。

并且在我们现在很多优秀的企业里面，同样也有。比如堪称中国制造业的企业楷模的海尔。我记得很久以前在北大听海尔的宣讲会，海尔公司的干部在台上眉飞色舞地讲他们的制度创新经验。他说，海尔有个制度，每天都要对生产线上的人员进行考核，如果某位员工达不到既定的标准，拖了全组的后腿，下了班以后，这组人就会全体留下来，帮助、教育这位员工，直到他真正认识到错误并改正为止。这位干部认为，这是保证海尔高效率、高质量的一个核心制度。

其实海尔的这项制度的核心思想跟什伍连坐如出一辙，并且直接效果就是，海尔成为当时全球最炙手可热的制造企业，没有之一。

## 实施变法

变法的内容高明吗？在我们现在看来，不见得高明；在当时，恐怕也不是顶高明的。很多内容在吴起变法的时候就已经用过了。

那为什么秦国能通过变法在短期内变强大呢？

几个理由：

第一，变法的内容很简单，大家都能看得懂；

第二，变法的内容很简单，大家都能照着做；

第三，变法的内容很简单，大家都知道做了的好处和不做的后果。

还有一点，就是要让大家看到统治者变法的决心，变法才能有效实施。

改变人的习惯，是很困难的事情，更不消说是要改变一群人的习惯了。最难的，不是第一个，也不是最后一个，而是中间那一拨。人是喜欢跟风的，所以当一个改革政策颁布下来的时候，很多人喜欢"观望"，这些人两边都不靠，而是看"风"往哪边刮。今天刮西风，他就跑去西边；明天刮东风，他就跑去东边——典型的"墙头草"行为。而且，这种人还不少。

怎么对付这帮人？唯一的办法就是：让东风吹得更猛烈一些吧，并且一直吹下去！

于是，卫鞅做了两件事。第一件事，南门立木。他在法令颁布以前，先在国都南门立下一根三丈长的木杆，并说，谁把这根杆子搬去北门就能拿到十金。大家都很奇怪，哪有这种好事，就都在观望，没人动手。于是，他把奖励提升到了五十金。有个人半信半疑地搬着木杆去了北门，立马得到了五十金。这件事之后，卫鞅才正式颁布变法的法令。

卫鞅不是在立木，他是在"立信"。他是在告诉大家，我和我的老板，是说话算话的人。

当然，光立个木头是远远不够的。

法令颁布一年后，改革进入攻坚期和深水区，那些既得利益者又刮起了猛烈的西风。数以千计的人——那些容易动摇的墙头草们——来到秦国国都请愿，说新法令太不方便了。卫鞅觉得这样下去不行，得抓个典型，杀一儆百。偏偏这个时候，秦国太子犯法了。卫鞅就决定拿太子开刀。但要动太子，他还是不太敢的，因为当时的刑罚很残酷，动不动就拆人一条胳膊一条腿的，或者在人脸上刺个字。如果未来的国君脸上刺个"人犯"的字样，那实在有失大国威仪啊！于是，便拿了太子的老师下手，对太子的两个老师施了刑。

太子犯法也会照样受罚。这个消息传出去后，那些墙头草们再也不敢支吾了。这东风吹得猛啊，大树都靠不住了，何况小草呢，还是乖乖回家听话吧。

于是，秦国大治。变法实施十年后，"秦国道不拾遗、山无盗贼，民勇于公战，怯于私斗，乡邑大治"。

看到这个情况，那些几年前上京请愿的墙头草们又进京了，这次是大唱改革的赞歌啊。卫鞅却说，这都是乱法的人！把他们都发配到了边疆。之后百姓就再也不敢妄论法令了，法令的权威和执行力进一步得到巩固。

随后，卫鞅在之前变法的基础上进行了第二次变法，进一步完善了各项内政政策，包括：迁都咸阳；禁止父子兄弟同室内息（之前秦国家庭是不分长幼、兄弟一起住一个大房间的）；把散落的小村落合并到一起，确立郡县制；废除井田制，进行赋税制度改革；统一度量衡等。


## 伐魏和册封

又过了十年。卫鞅已经是秦相很多年了，秦国也已经比原来强大很多了，但是他还没得到封地。

因为他没有军功，而且河西地区还在魏国手里。

于是，他劝说秦孝公伐魏，夺回河西地区。

接着，卫鞅带兵出征了。而魏国也任命了王族公子昂为将，来抵抗卫鞅。

两军对垒，摆下营寨。卫鞅写了封信给公子昂，说："当年我在魏国的时候，跟公子您关系很好啊，现在却在战场上相逢，我怎么忍心跟您打仗呢！不如这样吧，您来我这儿，我们俩喝场酒，喝完各自回家，继续做兄弟，秦魏继续做兄弟之邦。"

这分明就是个骗局，但魏公子居然信了！

结果完全不出乎人意料，公子昂喝完酒就在秦军营寨里被俘虏了，群龙无首的魏军也被击溃，大败而归。

魏惠王吓破了胆，赶紧向秦国割地求和，把河西地区还给了秦国，并且被迫迁都到大梁。他酸溜溜地感叹，后悔啊，当年没有听公叔先生的话。

好好哭吧，早干吗去了？

秦孝公也履行了他的承诺，将商於这个地方的十五个县封给了卫鞅，卫鞅从此号为"商君"，这就是"商鞅"这个名字的来历。


## 商鞅之死及其影响

从商鞅做的这一系列事情来看，他是不会有什么好下场的。事实也是如此。

成为商君后的第二年，商鞅的后台——秦孝公薨。当年被商鞅处罚过的太子成了新的大老板。太子当时的老师，公子虔——之前被商鞅找了理由施行了劓刑——的手下立刻就污蔑商鞅要造反，开始通缉、搜捕他。商鞅想，自己早年不是在魏国混过吗，况且听说魏惠王还挺后悔当时没有用自己，应该会接纳自己吧，于是就准备逃亡去魏国。

这里面有个小插曲。商鞅跑到边境上，累了，想找个旅店住一住。旅店主人不接受他投宿，理由是他拿不出有效的身份证件。商鞅当时是畏罪潜逃，哪敢拿出证件来表明身份。于是只好跟老板求情，请他通融通融。

老板不为所动，说："你不知道吗，根据商君的法令，住店的人不出示证件的话，我也要连带受罚的啊。我可不敢冒这个险。"

这是变法的结果。

我不知道商鞅当时是应该高兴呢，还是应该难过呢。

在当时那个形势下，恐怕更多的还是无奈吧。

他只能接着逃，进入魏国领土。魏国人很记仇，怨恨他靠欺骗公子昂的手段为秦国夺回了河西地区，不愿意接纳他；同时，魏国当时还很害怕强大的秦国——也是变法的间接结果——所以把商鞅绑了，送还给秦国。

商鞅不罢休，从秦国的看管下脱逃出来，回到自己的封地，准备造反求生。但面对秦国强大的军事力量——同样是变法的结果——商鞅被杀死在渑池。秦国贵族不解气，还把他的尸体五马分尸了，并且灭了他全家。

万幸的是，他虽然死了，但他立的法留了下来，给后世带来了深远的影响。

秦始皇沿袭了商鞅制定的这些制度，发扬光大，统一了中国，成为第一个"皇帝"；而中国虽然在汉武帝时代号称"独尊儒术"，但其实很长一段时间内，中国的政治哲学都被认为是"外儒内法"——对外展现儒术，对内实施法治。

商鞅变法，明确了赏罚，确立了绩效和功利主义在中国官僚机构中的地位，使得中国的政治效率和综合国力在随后的将近两千年时间内，都处于世界领先水平。而变法背后的很多核心哲学思想，直到现在都还在被广为运用。

还有一个，不得不说的，极其负面的影响——极刑的滥用。

秦国自商鞅以后，刑罚非常严苛，动不动就肉刑，动不动就连坐。商鞅当秦相的时候，处决人犯，砍头砍到"渭水尽赤"的地步。之后的秦国统治者在这点上有过之而无不及。之后的中国统治者似乎看到这样的严刑峻法很有成效，就延续了下来。之后的开国皇帝——嬴政、刘邦、杨坚、朱元璋，哪个不是杀人如麻的刽子手？

历史上对商鞅的评价从来不认为商鞅是个楷模式的人物。太史公评价商鞅，说他最后落个身败名裂的下场，这是很正常的。历代名流也认为，商鞅最后的悲惨下场是他为人刻薄寡恩的结果，所以，后人应从中吸取教训，做人不能做成商鞅这样。

可我不这么认为，我要为商鞅说几句。

那些名流不都喜欢说舍生取义吗？什么是义，是大家的利益。但是这些名流的评价，在我看来，都是从自保的角度出发的，根本就不是真正为了"义"。从对后世的贡献这个角度来说，商鞅比很多人都更好地实现了"义"。商鞅的下场，对于他自己来说，是很悲惨；但如果没有商鞅，也就没有秦国最终统一中国的结果。

如果商鞅忍让，他如何力排众议说服秦孝公改革？如果商鞅宽容，变法如何能在秦国这种不开化的地方顺利推行？如果商鞅不坚持己见，秦国如何能实现快速崛起？

这是他选择的人生，也是他选择的人生结果——"求仁而得仁，又何怨。"

所以，商鞅，就是个亡命之徒啊。

让我们给商鞅点首歌吧。

Music：纵贯线乐队《亡命之徒》。

# 第八篇

# 孙膑的阴谋（暗黑版）

时间：周显王十六年—周显王二十八年

　　　　（前353—前341）

人物：孙膑、庞涓、田忌

内容：孙膑和庞涓两小无猜的故事

　　我们看正史也好，看演义也罢，经常都会看到一对对小冤家，针锋相对、你死我活。比如楚汉争霸时候的刘邦、项羽，比如《三国演义》里头的孔明、周瑜，再比如我们今天要讲的孙膑、庞涓。

## 孙膑和庞涓的故事（原版）

　　他俩的故事也有个浪漫的开头。庞涓和孙膑是同窗好友，一起学习兵法。当年，梁山伯和祝英台也是这么开始的。上学的时候，庞涓的学习成绩一直不如孙膑好。不过，他们还是在一起快乐地玩耍。

后来，庞涓先发迹了，去魏国做了大官，当了将军。当时，魏国虽然不复百年霸业时的鼎盛，但仍然是战国时期的强国。能在魏国当到大将军，说明庞涓在武将榜上已经能排到前几位了。所以，庞涓很是得意。

但他也有隐忧。他还有个学习成绩比他好的同学——孙膑呢。于是，庞涓就把孙膑骗到魏国来，利用自己的权力，废了孙膑的两条腿，还用了黥刑——给他脸上刺了字，将他关在牢里，想就这么废了他。

天无绝人之路。孙膑趁齐国使者来访时，靠疏通关系跟使者见了面，聊了聊。使者觉得这个人很特别，于是就将他偷偷藏了起来带回国内。齐国大臣田忌见了孙膑，觉得是个牛人，就推荐给了齐威王。齐威王向孙膑请教兵法，也认为孙膑是个人才，于是要让他当齐国的将军。孙膑说，我是个受过刑的残疾人，做将军的话会让其他国家耻笑齐国的。齐威王听了，就让田忌做将军，让孙膑给田忌做军师，于是孙膑就坐在粮草车里上了战场。

这时候，魏军正在攻打赵国，包围了邯郸。赵国求救于齐威王，齐威王派出了田忌。田忌领兵就要往邯郸进发，孙膑却说，魏国精锐都在赵国，他们自己大本营肯定空虚，不如直接杀奔魏国，魏军看到自己后院起火，肯定会撤围回救的。田忌采纳了这个策略，这就是很有名的"围魏救赵"。最后，齐军在魏国的国土上大败魏军。

过了十几年，庞涓领兵攻打韩国，韩国人也来找齐威王求援。齐威王召集大臣讨论。邹忌说，魏国那么强大，而且这次攻势很猛，我们去救韩国很可能也是折戟而回，不如不折腾。田忌说，不行，这样的话，韩国就会被魏国吞并，魏国就会变得更强大，所以，要尽快出兵去救才是；而孙膑说，救是要救的，但如果去得早的话，我们就是替韩国军队做了肉盾，反而听命于他们了，这次魏军是带着吞并韩国的野心来的，等韩国发现亡国迫在眉睫的时候，再来恳求齐国，我们那时出兵，一来可以占魏军的便宜，二来可以占韩国的便宜，岂不是一举两得、名利双收吗？

齐威王采纳了孙膑的建议，暗中答应韩使的求救，却迟迟不出兵。韩国听说齐国会派援军，便奋力抵抗，但仍然经历了五次大败，危在旦夕。

这时，齐军终于出动了，仍然是田忌做将军，孙膑做军师。同样采用上次的打法，不去韩国，而是直杀魏都。庞涓紧急回防，同时魏国国内也调集重兵，并派太子为将军，抵御齐军。这时候，孙膑分析，说魏国人向来看不起齐军，所以，不如将计就计，诱敌深入。齐军进入魏境后，每天减少营地做饭用的灶的数量，让魏军以为齐军的人数一直在减少，且士气低落。

庞涓果然中计轻敌，于是把大军留在了后面，只率领精锐骑兵部队日夜兼程追击齐军。孙膑在魏军的必经之路马陵设伏，并削下路边大树的树皮，写下六个大字："庞涓死此树下！"后来的事大家都知道了，庞涓晚上到了马陵，驰经树下，见树干雪白，上面有字，于是举起火把，看清树上的大字，知道中了埋伏，引剑自戕，临死前说道："遂成竖子之名！"

从此之后，孙膑成为一个传奇。民间百姓特别追捧孙膑，甚至有神化孙膑的趋势，很多行业都把孙膑奉为本行的祖师爷。这些行业包括但不限于：制靴业、皮革业、烧炭业、豆腐业、泥塑业……

整体来说，这是一个励志的故事，是一个身残志坚的善人战胜一个强大无耻的恶人的故事。

但，这个故事不合逻辑，很多地方都不太合理。

难道庞涓傻到这种地步，以为孙膑的兵法是藏在他膝盖骨里面的吗？

不然庞涓要杀孙膑，分分钟的事情，为什么还要养着他供着他？

庞涓当时在魏国做官，孙膑作为一个囚犯又如何能见到齐国使者？

而且，孙膑和庞涓跟前文提及的其他两对冤家有所不同的是，前两对中那个最后的失败者，无论是项羽还是周瑜，都博得了很多人，特别是脑残女粉丝的同情，而在孙膑和庞涓的故事里，庞涓纯粹是绿叶，跑龙套的。从来没有人同情过庞涓，也没人为他说过话，似乎他的存在纯粹就是为了衬托孙膑。

我第一次读到他俩故事的时候，觉得不可思议。这庞涓，简直就是个托儿啊！

我觉得这是个彻彻底底的阴谋，一个舆论阴谋。这个故事是孙膑留给后世的，是"编"出来的。

所以，我决定，动手新编一个故事。


## 孙膑和庞涓的故事（暗黑版）

庞涓和孙膑从小就是同学，而且还是好朋友。庞涓是个老实的孩子，而孙膑就比较调皮。他们学的是兵法，兵者，诡道也，所以心思活泛的孙膑受老师表扬的时候更多。庞涓那时候觉得孙膑比自己厉害多了，非常佩服孙膑，并以孙膑为自己的榜样。

庞涓是个很踏实的孩子。学成以后，就去当时的强国魏国打工去了。凭借着踏实打下的兵法基础和兢兢业业的实干精神，庞涓慢慢从一个低级军官做到了将军。

而孙膑呢，比较爱玩，也不想从零干起，学成以后一直没有好好工作。过了一段时间，听说庞涓在魏国混得不错，就想去投奔他。庞涓很高兴地接待了孙膑。他觉得自己这水平都能在魏国混到将军，他的偶像孙膑当然更轻松了。于是，他就把孙膑推荐给了当时魏国负责招聘军官的大臣。

但孙膑野惯了，特别讨厌正儿八经的官僚，加上他一直觉得自己很牛，也不把对方当回事儿。所以，面试过程很不顺利。尽管庞涓一再作保，但是面试官觉得自己在面试孙膑的过程中受到了很大的心灵创伤，决绝地拒绝向上推荐孙膑。

孙膑也无所谓，就在庞涓家混吃混喝，时不时上街玩耍一下，过得很开心。反而是庞涓很担忧孙膑，几次劝说孙膑再找找机会。孙膑觉得他很烦，以为他要赶自己走。这天孙膑喝酒喝得烂醉，庞涓又来劝他。孙膑非常不耐烦，在庞涓家发了一通酒疯后，跑到大街上继续撒野，跟人打架，闹出了人命。

孙膑惹上了官司。庞涓尽力帮他脱罪，但是孙膑在魏国的名声真的太差了，庞涓竭尽全力的最后结果是孙膑不用偿命，但是要接受膑刑和黥刑，下半辈子也要以刑徒的身份生存。孙膑向庞涓做了深刻的反省，想让庞涓再帮他开脱，可庞涓已经施展了浑身解数，实在没有其他办法了。

孙膑被废了双足，脸上也被刺了字，几次都有轻生的念头。庞涓对此也深深自责，觉得是自己没有照顾好孙膑，才导致了这样的悲剧发生；但另一方面，他也对孙膑相当失望，当年的偶像，怎么会变成这个样子了呢？即便如此，庞涓还是继续照顾着孙膑。

但庞涓有所不知的是，孙膑早已经不是之前那个孙膑了。在遭受膑刑的同时，他的心理也被严重扭曲了。他觉得这件事从头到尾都是庞涓一手策划的：最开始的面试，是庞涓在面试官那里中伤了自己，否则他那么有才华，怎么可能通不过。后来庞涓虽然好吃好喝地养着自己，但同时也在找机会下手。失手杀人那天，庞涓故意灌醉自己，并用了激将法，导致自己上街惹出了人命；判刑的时候，庞涓也一定说了坏话，让自己失去了双足，还一辈子顶着刑徒的身份。庞涓一直在妒忌自己的才华，所以给自己设计了这么多圈套，让自己这辈子都无法与他抗衡。

这是不共戴天之仇！一定要找机会手刃此贼！

孙膑就此决定了复仇的计划。他先假意逢迎庞涓，让庞涓觉得他认识到了自己的错误，然后，让庞涓帮他留意其他国家的工作机会，帮他找一个能发挥自己才华的工作。

好，一定帮你！庞涓看到他年轻时的小伙伴又重新振作起来了，他很高兴。

不久，机会来了。齐国派了使节过来。庞涓疏通了关系，把孙膑藏在车里，运到使节的住处。使节很惊讶，为什么堂堂魏国将军会送这么个人过来给他。但庞涓告诉他，这是个奇才，带回去绝对会记你大功一件。在庞涓的劝说下，齐使带着一点儿忐忑的心情接见了孙膑。他根本无法相信一个受过膑刑、脸上刺了字的刑徒，能有什么奇特之处。

孙膑早已经没有了之前的轻狂，他必须把握住这次机会。他倾其所学，和齐使纵论天下大势，更重要的是，他把这几年在庞涓府上听到的魏国军事机密，告诉了齐使。齐使听了，觉得他非常有价值，魏国的军队让他们在战场上吃尽了苦头，如果能把这个活间谍弄回去，国君一定会高兴的。于是，他连夜找到庞涓，商量如何偷偷把孙膑带出魏国。

临走的时候，庞涓对孙膑说："兄弟，一路走好！"

孙膑说："后会无期。"

于是，孙膑去了齐国。

到达齐国的当天，齐使立刻带他去见了田忌。田忌听了孙膑带来的军事机密，不敢怠慢，带他去见了齐威王。齐威王却觉得这件事很蹊跷。他说，你们为何让我相信一个刑徒？孙膑极力辩解，使尽浑身解数，也无法说服齐威王。这时田忌说话了，大王，不如暂且留着他一试。上战场时带上他，届时他的话是否可信一看便知。齐威王思考良久，点头同意了。

不久，魏国攻打赵国，包围了邯郸。赵国人派使节来齐国搬救兵。齐威王和田忌商量，觉得这是个机会，可以试一下孙膑所言之虚实。于是，齐威王封田忌为将，让他用一辆原来运载粮草的破车载着孙膑一起去救援邯郸。

田忌召集军队就准备往赵国出发。孙膑拦住了他，说，我们应该去魏国。田忌一愣，孙膑接着说，魏国的精兵都在韩国，本地留下的肯定都是老弱之众，这是我们建功立业的最好机会。我们去了魏国，魏军必定回防，届时邯郸之围必解。[1]

---

① 按《资治通鉴》记载，这次的军事行动，"围魏"是做到了，"救赵"却没有成功。邯郸在当年十月降魏。之后，几个国家联手伐魏，魏国迫于国际形势，才把邯郸还给了赵国。而《史记·孙子吴起列传》的说法却不同，说此次齐军行动成功解救了邯郸之围。从《资治通鉴》后文中魏还邯郸于赵的记载来看，《史记》可能在这件事的记载上出现了错误。

田忌听了，心里五味杂陈。孙膑说得没错，但是这招"围魏救赵"实在有点儿阴损，简直堪称下黑手的典范。劝架却不去拉架，眼睁睁看着一个人把另一个人打残，然后自己跑过去踹第一个人的裤裆……这得有多黑心才能做得出来啊！

　　纠结许久，田忌还是决定听从孙膑的主张，毕竟他也需要战功。于是，他们来到了魏国。但是魏军并没有如孙膑所料返回魏国，他们继续包围邯郸。邯郸城内苦等援军不来，断炊很多天。没有办法，邯郸最后投降了魏军。

　　田忌看到邯郸降魏，知道自己这次的行动算是彻底失败了，非常恼火。不过，他们在魏军回国的路上设伏，成功给予了魏军很大的打击，斩获了不少战利品，耀武扬威一番之后，率军回齐国去了。

　　回去之后，田忌向齐威王禀报了整件事的来龙去脉，并建议齐威王尽快除掉孙膑这个刑徒，因为这个孙膑实在太阴损了。

　　齐威王想了想，说，留下他。

　　田忌不解。

　　齐威王说，他是个真正的阴谋家。这次作战，我们虽然没有达到原先的目的，但我们在几乎毫无损失的情况下占了魏军极大的便宜。留下他吧，以后打仗或许还有用。

　　好吧，留下他。但这真是一个正确的选择吗？田忌在心里问自己。

　　孙膑就这样继续留在了齐国。

　　十几年后。

　　庞涓率领大军进攻韩国。韩使访齐，请求援军。齐威王召集大臣廷议了一下，决定按照孙膑的思路，晚出兵，最大限度地占尽魏韩两国的便宜。

而孙膑为了让这次的策略能成功实施，特地写信给庞涓，以最亲密小伙伴的身份假装透露军事机密给他，说这次齐国不准备出兵。

庞涓不是傻子，十几年前魏军曾经吃过一次亏，同样的错误不能犯两次。不过，庞涓非常信任和崇拜他的小伙伴，于是决定相信他。他调集了国内预备防备齐国偷袭的精兵到了韩国前线，集中一切力量攻打韩国。

在这种不要命的势头下，韩军当然屡战屡败。眼看庞涓就要完成这丰功伟业的时候，齐国出兵了。

齐军浩浩荡荡，直扑魏都。

庞涓震惊了，他居然被自己最信任的小伙伴欺骗了！他登时乱了方寸，紧急调兵回防。魏国国内也紧急召集了一支军队，并由太子统领，抵御齐军。

齐军虽然在战略上占了先手，但齐军的战斗力一直受人诟病，进入魏地以后，逃兵特别多，每天搭起来的灶也越来越少。田忌很犯愁，这样下去，在碰见魏军之前，自己恐怕就已经是光杆司令了。他召集手下将领开会，寻求解决方案。所有将领都没有好办法，眉头紧锁，默不作声。

"只需杀掉一个人，就可挽回所有颓势。"孙膑打破了沉默。

"谁？"所有人的眼睛齐刷刷地望向了孙膑。

"大将庞涓！"

"怎么杀？"

"包在我身上。"

田忌和其他将领都觉得孙膑在吹牛，但事到如今，就让他试试吧。

孙膑又写了封信给庞涓。信上说，庞涓是他这辈子的恩人，他一直都在找机会报答他，现在正是最好的机会。在他的努力下，齐军将领和士兵的士气都已经降到了最低点，逃兵非常多，碰到魏军必会是一击而溃的结果。不过，恐怕这次自己也自身难保了，所以，希望庞涓不要顾念自己，继续努力。孙膑在此别过了。

庞涓看了信，对信的内容深信不疑。他非常感动，孙膑，他的偶像，居然冒着死亡的危险来报答他的恩情。庞涓失声痛哭，他觉得，他不能就这么让孙膑死。于是，他从军中挑选了几十个最信任的部下，日夜兼程，去救孙膑。

是的，庞涓又中计了。他带着部下找到了齐军，但那全然不是孙膑所说的一击必溃的齐军，而是严阵以待的齐军。庞涓还没明白怎么回事儿就被乱箭射死了。随后，齐军拖着庞涓的尸体，放到魏军回国必经的一个小树林里，找了一棵大树，在树上写下了"庞涓死此树下"六个字。魏军士兵看到大将军惨死的情状，还听到了齐军孙膑用兵如神的传闻，立时作鸟兽散了。齐军成功击溃魏军，并俘虏了魏国太子。

遂成竖子之名！

这还不是孙膑要的全部。据《战国策》记载，在齐军返程的路上，孙膑问田忌，将军可以为大事乎？随后为他布局谋划，如何直接带兵回国，谋取齐国大政。田忌还是有点儿良心的，拒绝了孙膑的提议。

可是，孙膑的野心却被田忌的政敌邹忌知道了。邹忌安排人陷害田忌，导致田忌被迫起兵，田忌想抓住邹忌来洗脱罪名，但却未能成功。随后不久，田忌出奔楚国，直到齐威王死后才返回故里。

田忌奔楚以后，孙膑即下落不明。但孙膑把自己的故事版本写进了历史，把他心中认为的那个"邪恶"的庞涓记入了历史。而真实的庞涓，却被他最信任的人埋葬在了历史的尘埃中。


## 后　记

写完暗黑版，自己读了读，不禁觉得比原版更扯。不过我也从来没有想过自己能比太史公和光哥高明，能改写他们记载的历史。我只是想，读者们应该更多从人性的角度，从历史人物本身的视角出发，来分析和理解历史大趋势下每个个体的选择。不论是讲述历史，还是阅读历史，都应该更有"人性"才是。

# 第九篇

# 耍嘴皮子和戴绿帽子

时间：周显王三十六年—周慎靓王四年

（前333—前317）

人物：苏秦

内容：苏秦以口舌之才说服六国合纵的故事

　　有句话，让我从小就有心理阴影，叫"锥刺股"。

　　我上小学的时候，比较懒，学习不积极。长辈总是拿"头悬梁，锥刺股"这句话来教训我。我奶奶还特专心地研究，如何把这句话真正应用在弱小的我的身上。她总是说，头发短，悬不起来，那只能戳大腿咯。说着就要拿针来戳我，每到这时候，我都毛骨悚然，乖乖坐到写字台前，开始做作业。我对这句话深恶痛绝，但也无可奈何。一边做作业，一边咒"锥刺股"的始作俑者不得好死。可见这句话对我幼小的心灵造成了多么深刻的伤害。

　　直到很多年后，我才知道这个仇人的名字——苏秦。

## "联合国"秘书长苏秦

苏秦是战国时期名人，纵横家。在群雄逐鹿的乱世，凭借一己之力促成山东六国合纵，是中国历史上首个有影响力的国际组织的创始人。他的合纵组织使强大的秦国不敢轻易踏出函谷关。而他自己又同时身佩六国相印，显赫一时。

苏秦鼎盛时期的地位，绝对堪称战国时期的"联合国"秘书长，权倾天下。

但有所不同的是，联合国这个组织是基于五个大国和国际社会的支持成立的，而联合国秘书长则是几个大国博弈的结果，并没有实权；但苏秦的合纵组织呢，却是在没有任何国际势力支持的情况下，靠他自己一个人的力量，一点儿一点儿建立起来的，而苏秦这个合纵长的身份，也是凭自己努力获得的。

他是怎么实现那么大成功的呢？

是靠他的两片嘴皮子，说来的。

苏秦是东周洛阳人，可以认为是当时周朝首都地方的人。他是战国传奇人物鬼谷子的门徒。学成以后下山，游历很多年，却一无所成，啥工作都找不到。No work, no money. 因此家里很穷，家里人都笑话他，说，我们首都人民没事都喜欢做点儿小买卖，赚个20%的毛利养养家。你现在不干正经生意，一天到晚就靠耍嘴皮子，怎么可能不穷困潦倒呢？

苏秦听了，很惭愧，也很受伤，于是整天把自己关在屋子里，闭门不出。他翻出所有的书，重新看了一遍。看完之后，他自己思忖道，我已经埋头苦读了那么多书，却不能靠这些书上的知识获得荣华富贵，那我读这些书有什么用呢？于是，他找出一本很奇怪的书（这本书后面会专门讲），下了很大的功夫伏案钻研，"头悬梁，锥刺股"就是发生在读这本书的时候。一年以后，他觉得融会贯通了，暗自觉得凭借他现在的水平可以去游说各国国君了。于是，他抱着这样的信念再次上路。

苏秦是首都洛阳人士，所以离他最近的，就是他的国君——周朝显王。但当时首都是个小地方，显王和他的官吏们都听说过苏秦惨淡的过去（甚至可以说是看着苏秦长大的），所以很看不起苏秦，也就根本没有人愿意听苏秦讲他的帝王之术。

于是，苏秦选择了下一个目标：刚刚完成了商鞅变法而变得异常强大的秦国。可这时候，那个贤明的秦孝公已经死了，国内也刚刚平息了商鞅之乱。继承王位的秦惠王，非常讨厌苏秦这种耍嘴皮子的外国人士（大家回忆一下，当年商鞅最初也是靠耍嘴皮子上位的）。虽然苏秦给秦王画了一个很大的饼，说秦国有希望平息乱世，统一天下，但秦惠王完全不为所动。

苏秦并没有气馁，折返向东到了赵国。那时候赵国的国相是国君赵肃侯的弟弟，这哥们儿也对苏秦看不上眼。苏秦只能离开赵国，继续游历。

到这里，我觉得苏秦的遭遇都算是正常的。苏秦没有资历，没有背景，单凭钻研透了一本书就出来闯荡，就算那本书再厉害，也不可能一下子实现大翻盘吧。可接下来的事，偏偏就那么不可思议。

他跑去燕国，在燕国待了一年多，才得到机会面见国君。但是，与之前都不同的是，他把握住了这次机会，说服了当时的燕文公，让他通过跟赵国结盟，来解除赵国这个威胁，并自告奋勇，让燕文公派他为燕国使节去游说赵国。燕文公买不买他的账，无从考证。不过，要是我是燕文公，肯定会让他去试试。因为，这件事如果能谈得下来当然是个大好事，而谈不下来对燕国也没什么坏处。于是，燕文公就给了他一点儿钱，让他再去游说赵肃侯。

之前苏秦在赵国曾被国相阻挠，但现在他是燕使了，待遇不一样了，苏秦这次毫不费力就见到了赵国国君。苏秦说服赵国，则是用了另外一套说辞，这套说辞的核心是——秦国威胁论。当时的秦国很强大，各国都对秦国有着很大的畏惧感。而刚好那个时候，秦军又正在出兵侵略魏国。苏秦对赵肃侯说，赵国虽然是山东六国里最强大的国家，却也是秦国最想消灭的对手。赵肃侯虽然不说话，但听了这话估计心里多少有点儿触动。苏秦接着说，秦国之所以不敢攻打赵国，是因为怕韩魏届时在背后算计。但如果秦国先吞并韩魏——这是很容易的事情——那么赵国就没有屏障了。所以，我建议大王不如参与我这个合纵的方案，跟其他五国联合起来，一起抵抗秦国。

赵肃侯那时候挺年轻的，没听过这么宏大的计划，再来也摸不清这个苏秦到底什么来头，能不能把这件事办成。估计也是抱着跟燕文公一样的心态，装作很买账的样子，赏赐了苏秦很多东西，让他继续去游说其他国家。

苏秦正要上路去其他国家的时候，国际上发生了一件大事。秦国派犀首（公孙衍）为大将打败了四万大军的魏军，活捉魏将，占领了雕阴，接着还想要继续东进。苏秦想啊，之前在赵肃侯那里画的大饼才刚和好面呢，秦国这颗老鼠屎就要过来糟蹋了，多可惜。他转念一想，想到了他在鬼谷子门下的同学——比他更厉害的张仪，就想设计让他去秦国，帮助自己实现计划。

既然是同门，张仪干的事情本质上跟苏秦是一样的，也是耍嘴皮子功夫的。这时候张仪也正处于游历各国而一无所获的状态呢。于是，苏秦用计把张仪召唤过来，故意羞辱了他一番，嘲笑张仪一无所成，不如回家种红薯、卖茶叶蛋云云。

张仪当然不服气了，想当年念书的时候你还找我抄作业呢，你这一发迹就翻脸不认人了啊。不行，这口气咽不下。张仪想，苏秦得了赵肃侯的支持，现在天下强国里面，只有秦国能威胁赵国了，不如就去秦国找工作吧，等做到大官了，给苏秦和他老板一点儿苦头吃吃！

就这样，张仪还真按照苏秦的想法去了秦国。苏秦暗中派底下人给张仪塞钱疏通，让张仪顺利见到了秦王——想想张仪之前游历那么多年都没有人愿意听他一席话，这有了钱就是不一样。所谓有钱能使鬼推磨，这句话从三代开始就成为至理名言了啊。张仪毕竟比苏秦成绩好，说了一番话，让秦王很开心，于是张仪就做了秦国的客卿。这个时候，苏秦的眼线表明身份，告诉张仪，我是苏秦的手下，这一切都是我老板的安排，让我帮助你在秦国找到工作，希望你也能帮我老板阻止秦国攻打赵国，帮他实现他的合纵计划啊。张仪听完一拍脑门，心想，我靠，中了圈套了，居然还不知道，心里有点儿不是滋味。但人家毕竟帮自己找到了一份好工作啊。于是乎，张仪就当着苏秦的人的面，奉承了一下苏秦，说，我中了你老板的计谋居然还一直蒙在鼓里，所以我显然是不如你老板的了。接着，他又拍着大腿说，只要你老板要求，我一定竭力帮忙！

《史记》和《资治通鉴》都没有记载张仪去了秦国以后是怎么阻止秦国伐赵的。不过，秦国自那以后，确实有好一段时间没有攻打赵国。

苏秦安插了张仪这个奸细之后，继续他的游说历程。他去见了韩王，仍然搬出他那套秦国威胁论来劝说韩国加入合纵组织。韩王也同意了。接下来是魏国，魏王也被他说服了。他最后说服了齐国和楚国后，终于把山东六个强国都纳入了他的合纵组织。战国"联合国"终于成立了！

苏秦无可争议地成为"联合国"秘书长，不，纵约长，兼任六国的相国。

于是他北归复命，车仗、随从之众，与当时的国君毫无二致。他途经家乡——周朝首都洛阳时，衣锦还乡。当时真正意义上的天子周显王，害怕他自己之前对苏秦的怠慢会导致这位权倾一时之人的极端报复，于是派人为他清扫回家的道路，并派使臣到郊外慰劳他。而之前嘲笑他的亲戚邻居也都跑出来，非常恭敬地对待他。苏秦很感慨，说，同样的一个人，富贵的时候，亲戚朋友就敬畏我；落魄的时候，亲戚朋友就嘲笑我；更不用说一般人了。他还教育那些当时劝他做小生意养家的人说，如果我当年在家里有二顷良田，今天还能佩上六国相印吗？不过，他还是散发了很多金钱给亲戚朋友，作为赏赐。

苏秦回到赵国，赵肃侯封他为武安君，派遣使者把合纵盟约送交给秦国，秦国自此不敢再出兵函谷关。


## "联合国"的结构性问题

我们先来分析一下苏秦成功说服六国的过程。

这个过程很传奇，传奇到让人质疑其真实性。让我试着解释一下。

第一个问题，为什么苏秦一开始去的几个地方都失败了，而跑到燕国之后，就突然成功？

在我看来，首都洛阳和秦都是错误的目标。首都洛阳，虽然名义上是天子所在地，但天子早已没有了实权，加上首都洛阳是苏秦的故乡，大家都是看着他光着屁股长大的，很难接受他突然抛出的宏大计划，失败简直是必然的（与《新约》上记载耶稣不见容于家乡，是差不多的道理）；而秦国，刚处理掉商鞅，正处于非常排外的时期，况且秦国当时已经是事实上的第一强国了，不需要苏秦这样的说客来教秦国下一步怎么做，所以，不接纳苏秦也在情理之中。

赵国，史料上记载第一次失败是由于国相的阻挠，而国相又是个嫉贤妒能的人。这一点儿也说得通。此外，赵国也是当时的强国，估计也很难接受一个身份不清、耍嘴皮子的人突然跑过来对本国的形势和外交关系说三道四，指手画脚。

不过，尽管这三次尝试都失败了，但苏秦肯定从中总结到了经验教训。什么经验教训呢？第一条，吹这种国际级的大牛皮，要先从相对弱小的国家下手，燕国是当时相对弱小的国家，容易被说动；第二条，不能毫无根基，光凭一张嘴，还是得先疏通一下上层下层的关系，所以，他在燕国待了一年多，估计结交了不少人，上下疏通之后，才得以面见燕文公；第三条，跟现在互联网产品经理喜欢说的一样，要找到客户的痛点，燕国当时的痛点是赵国，而非秦国，所以说服燕国要从赵国威胁论开始；第四条，中国人都喜欢以小搏大，自古以来都是这样，如果一件事能让对方觉得成本很低，可潜在收益很大，他就会愿意去尝试，苏秦就靠一张嘴皮子去帮燕国说服赵国，燕国完全没什么损失，可潜在收益却非常可观，燕文公有什么理由拒绝这样的提议呢？

所以，苏秦在周、秦、赵的失败不奇怪，在燕的成功也不奇怪。

第二个问题，苏秦游说每个国家时用的理由都略有不同，站的立场也总是在变化，那他到底有没有明确的立场和后台大老板？

我觉得有。但苏秦的后台大老板不是燕文公，也不是赵肃侯，而是他的富贵梦。苏秦跟战国时期很多人一样，都是希望通过自己的努力来实现自己的富贵。他没有什么高尚的爱国主义情操，也没有什么坚定的原则，只要能实现富贵的梦想，他什么话都能说，什么事都能做。这是他的目标，也是他最信任的后台大老板。

所以，苏秦的那些说辞，都是因势利导而已，说得直白一点儿，就是看对方脸色下菜碟。毫无原则，拣对方爱听的来诱导他们，从而达成自己的目的。

这跟我们现在很多创业公司圈钱的逻辑差不多：找到客户的所谓"痛点"（秦国或赵国威胁论），拉个天使投资（燕文公），画个大饼（六国联盟），忽悠钱（六国相印），搞上市（发合纵文件给秦国），大家一起分钱（秦国不敢出兵山东）。好处是有的，但是并非是各国最切实的需求，而且对于各国长期目标而言，没有太大的价值。最大的价值被苏秦个人攫取了。

第三个问题，按照上面的分析，既然各国是基于不同立场和不同利益参加进来的，那这个联盟岂不是很脆弱，很不堪一击？

毫无疑问，确实如此。

秦国威胁论本就是个幌子，是为了实现六国联盟，添油加醋搞出来的。

六国存在于乱世的真正目标，仅仅是为了抵抗秦国吗？显然不是。他们的真正目标是为了壮大自己的实力。六国中的几个国家，比如燕、齐，跟秦都不接壤，他们所想的，更多的是如何攫取和蚕食邻国的土地，而不是费力不讨好地去防御跟他们不相邻的秦国。

《史记》上记载，苏秦的合纵组织存在了十五年，秦国有十五年的时间都不敢出兵函谷关。但《资治通鉴》上记载，秦国只用了一年时间，就瓦解了合纵联盟。

《资治通鉴》记载：次年，秦惠王派犀首欺骗齐国和魏国，让他们联合出兵攻打合纵的发起国——也是苏秦的命门——赵国，从而破坏合纵盟约。赵肃侯非常生气，找来苏秦，把他狠狠地骂了一顿。苏秦感觉自己的生命受到了威胁，不敢继续在赵国待下去了，于是，找了个理由，让赵肃侯派自己出使燕国，以便报复齐国。赵肃侯同意了。

苏秦一离开赵国——战国"联合国"的总部，合纵组织就瓦解了。赵军战胜了齐魏联军，而苏秦也再没有回赵国，流转于燕、齐之间。

所以，这告诉我们一个道理：光靠耍嘴皮子，即便能显赫一时，也必然无法长久。

我不喜欢耍嘴皮子的人。孔老夫子用他的亲身经历教育我们，看一个人，要"听其言而观其行"，而不能"听其言而信其行"。一个人的行为比他的话语更具说服力。所以，我们要时刻小心身边那些喜欢耍嘴皮子的人，更要小心那些油嘴滑舌、言行不一的人。

## 给老板戴绿帽子

合纵组织瓦解了以后，秦国通过其他手段进一步来分化瓦解山东六国的阵营。比如，秦惠王采用和亲的策略，把他的女儿嫁给了燕国太子做老婆。

燕文公也没过上几年好日子，死了。秦国的女婿——燕国太子即位成了燕易王。而齐国却趁着燕国国丧的时候，出兵侵占了燕国十座城池。苏秦受命去齐国交涉。

苏秦见了齐王，先行祝贺之礼，马上又行哀悼之礼。齐王就问他，为什么要同时表达两种意思。苏秦说，人肚子再饿，也不敢吃毒草。那是因为人知道吃了毒草反而会更快地死去。大王您难道不知道燕国的国君是秦王女婿吗？现在您攻打燕国，不怕被秦国找麻烦吗？这次您是夺了十座城池，但在之后怕是要付出比这多得多的代价啊。齐王被吓唬到了，于是就乖乖退还了这十座城池。

另一方面，苏秦虽然为燕国立了功，国内却始终有很多人看不惯他。于是，有人在燕王面前中伤他是个左右摇摆、出卖国家、反复无常的小人——其实也不算全错。苏秦听说后，赶紧跑回了燕国，但燕王却不肯给他一官半职。苏秦继续翻动他那价值连城的两片嘴皮子，劝说燕王，说自己是因为忠诚而获罪的。他举了个例子，说有个人在很远的地方做官，他的妻子和别人私通，等他要回来的时候，他妻子的情人很担忧，他妻子却说，没关系，我已经准备好毒酒要毒死我丈夫了。过了几天，丈夫回来了，妻子就让侍妾端着有毒的酒给他喝。侍妾觉得左右为难，她想告诉主人这是毒酒，但却怕被夫人赶走；但如果不告诉呢，又怕毒死主人。于是，她就假装摔倒，把酒洒了。主人很不高兴，打了她五十竹板。苏秦说，这个侍妾呀，同时维护了主人和夫人的利益，但自己身上却挨了板子。我现在的情形，就跟这侍妾一样啊。燕王听了，想了想苏秦确实也给燕国争取了不少利益，于是不仅让他官复原职，而且对他更好了。

但苏秦这时候做了件让人很难理解的事情，他跟燕文公的遗孀私通——给燕文公戴了绿帽子。并且，居然还被易王知道了。苏秦当时是怎么想的，让人难以理解。

事情毕竟发生了，易王知道了以后，却反而对苏秦更加尊重了。苏秦向来胆子小，怕这是迷惑他，于是就把当时在赵国用过的那套逃跑策略再用了一次，他对易王说，我比较擅长的事情是游说，在燕国没有办法帮到大王，不如让我去齐国，这样能让燕国得到实惠。易王想了想，这尴尬的局面，不如就让他走吧，于是就同意了。

苏秦装成得罪了燕王的样子去了齐国——其实也不用装，他给易王的亲爹戴了顶绿帽子，这个罪不算小。齐王留下了他，让他做客卿。苏秦还真的对燕国有感情，用他的两片嘴皮子让齐王大兴土木以提高王室生活水平，从而达到削弱齐国综合国力以使燕国获利的目的。

因为喜欢耍嘴皮子，苏秦在齐国也跟很多朝臣争宠。毕竟他能说，别人说不过他。那怎么办呢？说的不如做的。于是政敌就派出杀手刺杀他，苏秦嘴上功夫了得，但防身术却差得很了，他就这么被刺客杀死了。

## "平民英雄"的其他八卦

苏秦的一生就像一条起起伏伏的曲线。时而从低谷一下子到高峰，时而又一下子落回谷底。最后的结局也不佳，客死异乡。

但我的整体感觉是，这里头有不少杜撰的成分。整个故事太跌宕起伏，比较像剧本，不太像历史。近代也有不少学者认为，史书所载的苏秦的故事，有一些部分是附会到他身上的。太史公和光哥为什么会把这种传奇类的故事纳入正史框架里头呢？

太史公在《史记·苏秦列传》的结尾是这么说的：苏秦及他的两个兄弟，因为游说诸侯名扬天下，但苏秦却因为背负了间谍罪名被杀害，受到了天下人的耻笑。社会上关于苏秦的故事，流传着各种不一样的版本，民间更是把很多传说性质的事情附会到苏秦身上。但不管怎么说，苏秦一介布衣出身，却能凭一己之力完成合纵六国的伟业，这始终都是一件了不起的事情。所以，我想尽量客观地把他的事情列出来，不要让他只蒙受负面评价。

太史公这段评语，读起来让人觉得他也不知道苏秦的故事到底有多少是杜撰的。而他之所以在正史中记载这样一个人物的生平，主要是因为他的故事非常励志，是一个典型的"平民英雄"，不希望他受到历史不公正地对待。

好吧，尽管我个人非常不喜欢苏秦这样的人，但苏秦凭借两片嘴皮子玩弄六国国君于唇齿之间的故事，正是普罗大众街头巷尾所喜闻乐见的最佳谈资吧。

既然太史公都说了，苏秦的故事里有很大的八卦成分，那我们就八卦到底吧。

还是八卦"锥刺股"这件事。

让苏秦锥刺股的那本神秘书籍到底是什么？为什么他钻研了一年以后就能发生那么大的变化？

《史记·苏秦列传》记载，苏秦当时所钻研的书叫《周书阴符》。我所知道的最接近这个名字的书，是传言为黄帝所著的《阴符经》。

《阴符经》，号称"古今修道第一真经"，堪称帝王术中的《九阴真经》。历史上有这么评价这部书的："阴符宝字逾三百，道德灵文止五千。"把《阴符经》和老子的《道德经》并列，而且还排在《道德经》的前面，可牛了。

更牛的是，现在留存的《阴符经》的各种版本中，最短的仅三百余字，最长的也不过五百字，篇幅尚不及《道德经》的十分之一。

苏秦读这几百个字读了一年？还时不时用锥子刺大腿以提高注意力？读完以后凭借这书里的道理忽悠六国国君于股掌之间？

呵呵。我也读过《阴符经》，虽然没花一年的时间，也没有锥刺股，但为了弄懂里面的意思，也费了好几个月，不过我现在连联合国的门都没摸到呢。

大家有兴趣的话，可以百度一下，看几眼，客观地讲，确实还挺有帮助的。

# 第十篇

# 战国儒家：子思和孟子

------------------------------------------------

时间：周安王二十五年—周赧王元年

　　　（前377—前314）

人物：子思、孟子

内容：孔子学说在战国初期的传承和影响

　　前几篇，我们写了先秦诸子百家里面的法家、兵家、纵横家及其代表人物，却没讲过儒家及其代表人物。其实儒家的代表人物在战国时期还是很活跃的，这次集中讲一讲战国初期两个重要的儒家代表人物的故事吧。

## 子　思

　　孔子有个儿子叫孔鲤，字伯鱼。不过伯鱼不算长命，五十岁的时候就先于孔子过世了。孔子这时候的年纪已经很大了，却白发人送黑发人，很悲惨。

　　好在孔鲤也有儿子，叫孔伋，字子思。子思受学于曾子，是吴起的同门师兄弟（或者是师叔）。虽然比不上吴起那么能打，但这个子思依然很厉害，被后世尊为儒家"述圣"。他是儒家四书之一《中庸》的作者，也是"亚圣"孟子的老师。

《资治通鉴》上记载的事情都发生在子思在卫国做官的时候。

一次，子思向他老板卫侯推荐一个叫苟变的人才，说，这个人打仗很厉害，可以做将军。他老板回答他说，我知道他这个人，我也知道他很厉害，但是这小子在基层做办事员的时候，有一次征税，吃了老百姓两个鸡蛋，这种人的人品是不是有问题呢？所以我不准备用他。子思没有放弃，继续劝谏卫侯，他打了个比方，说，好的老板选拔人才，就好比木匠使用木料，取其所长，弃其所短，所以呢，如果有一根很好的木料，但却有几个地方腐烂了，高明的工匠是绝对不会忍心扔掉的。现在老板你处于乱世之中，正是要不拘一格吸纳人才的时候，你却因为两个鸡蛋而放弃一个那么厉害的将才，这种事情如果让邻国知道了，后果不堪设想啊。卫侯听了，确实是这个理儿，对子思一再拜谢。

有的读者看到这里可能会问了，儒家的人不是一向都很迂腐的吗，不是一向都对个人修养和道德有很高的要求的吗？拿老百姓俩鸡蛋，虽然物质上不是什么大不了的事情，但在道德修养上，却是很大的污点。为什么子思这位儒家早期嫡系人物会向国君推荐一个有道德污点的人去关键岗位呢？

儒家对个体道德修养的要求确实很高，但我所理解的儒家还有两个非常鲜明的特点。

第一，在儒家传统里，从来没有完美的人。这或许是儒家与基督教、佛教最大的区别。基督教的神和佛教的佛都代表着完美个体，基督和释迦牟尼的一生都被后人描述为完美的一生；而儒家的圣人则不同，孔子自己也犯过错误。

孔子说，过则勿惮改。

子夏说，小人之过也必文。

子贡说，君子之过也，如日月之食焉。过也，人皆见之；更也，人皆仰之。

（特别标注：普及度最高的"人谁无过，过而能改，善莫大焉。"这句话跟《论语》，跟孔子一点儿关系都没有。这句话出自《左传》，大家掉书袋的时候千万不要引用错了。）

儒家传统，从孔子开始，就从来不否认人会犯错这个事实。犯不犯错并不是区分君子和小人的标准，犯错之后能不能改正才是区分君子和小人的标准——君子不害怕承认错误，并会改正；而小人则会选择掩饰错误，文过饰非。且儒家相信人都是能被教育的。因此，从子思的判断来看，偷吃鸡蛋的事情确实体现了苟变人品上有一些问题，但这并不是说苟变这个人就没希望了。

第二个特点，儒家有强烈的现实主义倾向。很多人认为儒家虽然具有宗教性质的精神影响力，但儒家却不是宗教。跟基督教、佛教不同，儒家无神学，儒家无来世。儒家只关注现世。或许有人会说，儒家很看重祭祀，对死去的人很关注。我的看法是，儒家确实很注重祭祀行为，但他们更着重于祭祀行为的现实意义。

孔子说，慎终追远，民德归厚矣。

"慎终追远"的现实目的，是为了让老百姓更加忠厚。

用人也是一样。苟变有才能，不能因为一点儿小瑕疵就否定他的才能。

基于此，子思坚定地说服卫侯重用苟变。

儒家教育出来的人非常有原则，因此，从来不怕得罪老板，很多时候，他们不会迎合老板，而是直面反驳。子思也是一样。

有一次，卫侯说了个非常错误的想法，但他的大臣们却齐声附和，卫侯很高兴。作为老板，提出的想法受到底下人的一致认同，当然高兴了。子思听说后，对一个叫公丘懿子的大臣说，我看现在的卫国，真的是"君不君，臣不臣"的状态啊！公丘懿子问为什么这么说，子思就分析给他听：君主自以为是，这样底下的人就不会积极主动想办法，提建议。君主如果说得对，仍然是排斥了底下人的意见，打击了他们的积极性，更何况现在君主分明是说错了，还被底下人一致认同呢？这不是助长坏风气吗？在不辨是非的情况下，听到别人的赞扬，就很高兴，这是多么愚昧昏庸啊！在不顾是非的情况下，一味揶揄奉承，这是多么无耻恶心啊！这样愚昧的国君，这样无耻的臣子，百姓能够长期容忍吗？这个国家，如果不改变现状的话，恐怕长久不了。

于是，子思本着对老板负责的态度，去找了卫侯。他也不拐弯抹角，上来就开门见山对卫侯说，你的国家快完蛋了。卫侯听了很惊愕，就问为什么。子思说，国君你说话自以为是，而卿大夫明知道是错的，却不敢指出来；于是卿大夫们说话也自以为是，士族和庶人也不敢指出错误。于是，国君和大臣们都觉得自己很厉害，底下也是一片附和和拍马屁声，长此以往，就会造成这样一种氛围——拍马屁的人能不断受到奖励和升迁，忠言直谏的人就会受到排挤和惩罚。这样下去，怎么可能会有好结果？《诗经》上说，"具曰予圣，谁知乌之雌雄？"不就是你们现在君臣关系的准确写照吗？

卫侯对这番话的反应，《资治通鉴》上没记载。不过估计卫侯很难听得进去。喜欢奉承是人性的弱点，而忠言逆耳也是赤裸裸的现实。

子思所看不惯的这种情况，在古今社会中都普遍存在。很多领导、老板都喜欢听好话，听不得意见，这跟卫侯的表现有什么区别？并且拍马屁的人永远存在，而且他们在拍马屁的过程中往往会获得正面反馈，鼓励他们再接再厉，继续加强自己的马屁神功。

另有一些人，可能开始还能坚持原则，后来为了现实利益，也会放下原则。

只有拥有强大的精神力量的人才有办法能坚持原则，而儒家传统培养了很多这样的人。

我想起了明末"扁担军"的创始人黄道周。迂腐、固执、冥顽不化、不识时务，这是很多人对他的评价。

但正是有这帮迂腐、固执、冥顽不化、不识时务的人，才能保证中华文明在数次遭到外族入侵血洗的情况下仍然薪火相传。


## 孟 子

子思有个徒弟（《史记》记载是徒孙），比他有名，叫孟轲。有些朋友可能不知道孟轲，却知道孟轲他妈——那个为了让孟轲获得一个良好教育环境而不停搬迁住处的孟母。

孟子的时代是真正的乱世。强人林立，百家争鸣。吴起、商鞅在变法，孙膑、田忌在打仗，苏秦、张仪在合纵连横。没有人愿意用孟子的仁义之道，因为孟子的学说一不能助富国强兵，二不能于乱军中取胜，三不能争口舌之利。在那个以智力相雄长的年代，如何能吸引到信众？

孟子先是去了魏国，求见魏惠王——那个放走商鞅的魏王。于是他俩之间发生了那段举世闻名的"义利之辩"。魏王问，老头儿，那么远来见我，能给我的国家带来什么利益吗？孟子说，我不谈利益，谈仁义就够了。如果君主说为国谋利，大夫就会说为家谋利，百姓就会说为自己谋利，所有人都想怎么让自身得到利益，那国家不就危险了吗？只有仁义的人才会孝顺，忠君啊。魏惠王回答说，你说得对。

其实孟子师从子思的时候，他俩之间发生过关于仁义和利益的讨论。孟子问子思，治理百姓什么事情最要紧？子思说，让他们得到利益。孟子觉得不妥，反问他的老师，君子教育百姓，用仁义就够了，为什么要用利益呢？子思说，仁义本身就是利益。上不仁，就不安分；下不仁，就尔虞我诈。这种局面就是最大的不利。所以《易经》上说，"利者，义之和也""利用安身，以崇德也"，都是说仁义才是最大的利益。

光哥评价，子思和孟子这两位其实说的是一个道理。对于仁义的人来说，仁义本身就是他们最大的利益所在；而对于不讲仁义的人来说，他们所谓的利益完全是另一个概念。所以孟子跟魏惠王讲仁义而不提利益，是因为谈话对象不同的缘故。

魏惠王虽然经常找孟子聊天，但也没怎么付诸行动。死了以后，儿子魏襄王即位。孟子继续用他的仁义学说教导魏襄王，但这个儿子比他爸还听不进去。孟子就离开了魏国，去了齐国，继续用仁义之道教育齐王。

后来燕国发生内乱，齐王趁机出兵占了大便宜，控制了燕国全境。齐王估计是听不惯孟子那套大道理，想炫耀一下自己的功绩，也可能是为了臭臭他，故意把他叫过来，假装请教他，说，现在燕国已经被齐军控制了，有些人建议我乘机吞并它，而另外一些人却劝我不要攻占燕国。我想呢，我们国家仅仅用了五十天时间就占领了这样一个万乘之国，这光靠人力是做不到的，所以应该是天意了。因此，我如果不趁这个机会吞并燕国，就是不顺天意，会遭受天谴的。你觉得呢？孟子却没有正面回答他，只说，如果燕国人民希望您吞并，那就吞并吧，古代有这样的先例，就是周武王。如果燕国人民不希望您吞并，那就别吞，古代也有这样的先例，就是周文王。孟子恐怕是世界历史上排名前几位用"民意"来劝说专制君主的人了，这算不算是一种朴素的民主思想呢？

齐王当然要并燕，但国际舆论自然不会答应。于是各国商量着要派出联军救援燕国。齐王这下有点儿着急了，就问孟子，联军要打过来了，怎么办？孟子说，我听说商汤坐拥七十里的国土就能号令天下，却从来没有听说过拥有千里国土的国家还要惧怕别的人。燕王暴虐，虐待百姓，大王拯救他们于水火之中，所以他们箪食壶浆来欢迎齐军；但如果大王您继续之前如同燕王的暴政，那肯定得不到好结果，被联军攻伐也是情理之中的事情。所以，大王，如果您能马上下令，宽宥百姓，停止掠夺，并跟燕国民众商议举立新君，然后离开燕国，这样还有机会能免被攻伐。

齐王怎么可能放弃已到嘴里的肥肉？显然没采纳孟子的劝告。

没多久，燕人就造反了。齐国对燕国的实际控制付之一炬。

齐王有点儿后悔，觉得愧对孟子，没脸见他。但他的近臣陈贾不这么想，他一边让齐王放心，一边准备去羞辱孟子。陈贾跑去见孟子，问他，周公是什么样的人？孟子说，是圣人。陈贾以为抓到了把柄，说，周公让管叔去监管商朝旧地，管叔却就地造反。难道周公是预先知道管叔会造反所以故意派他去的吗？孟子说，当然不知道。陈贾很高兴，心想，小样儿，这下落入我的圈套了，于是责问孟子，难道圣人也会犯错误？

陈贾的水平有点儿低，这个问题我们前面已经解释过了。

孟子回答说，古代君子有错就改，人民看得到他的过失，也看得到他的改正，会更加景仰他。现在所谓的君子呢，有错却听之任之，还找托词。

陈贾默默地走了。

齐王，估计被这次跟燕国的纠纷折腾得够呛，不久就死了。而孟子始终也没有找到一个真正能用他学说的国君。

其实不仅是孟子，大多数儒者，包括孔子在内，在当时的乱世情形下，都非常不得志。但他们却一直坚守自己的道，并一代代传承。

我常常想，古代的这些儒者，大都手无缚鸡之力，胸无霸王之术，终其一生也没什么成就，为什么历史会选择记住他们？似乎是那些无所畏惧的改革家（吴起、商鞅）、名将（孙膑、田忌）、说客（苏秦、张仪）更值得我们学习？

我记得一位美国汉学家写过一本书，叫作《孔子：即凡而圣》（*Confucius: The Secular as Sacred*）。这位学者认为，从西方人的角度来看，孔子的学说，是教育普通人通过日常生活中的为人处世来进行修行，从而达到"道"的境界，使人生焕发出神奇的魅力。而所谓"圣人境界"就是人性在不离世俗的生活实践中所透射出的神圣光辉。

儒家提供了一条实现人生最高价值的道路，更重要的是，这条道路对于每个人来说都是平等的，可行的。

还有一点。

我曾经上过杜维明老师的课。我一直很景仰他，因为他是当世大儒。在一次课后，我特地抱着一本新买的《论语》，想让他在扉页上为我题个字。不想，他看了我手里拿着的《论语》，斩钉截铁地拒绝了。他说，我不敢在《论语》上题字。

圣人和猛人是有区别的。

猛人无所畏惧，而圣人却会畏惧。这是圣人之所以成为圣人的原因，也是为什么猛人时常会做一些非人之事的原因。

用太史公在《孔子世家》中做的评价作为结尾吧：

天下君王至于贤人众矣，当时则荣，没则已焉。孔子布衣，传十余世，学者宗之。自天子王侯，中国言六艺者折中于夫子，可谓至圣矣！

【第十一篇】

# 鸡鸣狗盗

时间：周显王四十八年—周赧王三十六年

（前321—前279）

人物：孟尝君

内容：齐国公子、"战国F4"——孟尝君的传奇经历

十多年前，中国台湾曾经有一个超人气男生组合——F4。当时他们拍的一部《流星花园》迷倒了一片少女、熟女。其实，消费男色也算是中国传统，自古有之。战国也有一个超人气男子组合，叫"战国四公子"，堪称当年偶像派组合。今天，我们来说说"战国F4"中的一位——齐国孟尝君。

## 庶子夺嫡

所谓公子么，在战国时期，只有王族近室才能被称为"公子"。而所谓"君"呢，其实就是诸侯自己分封出去的"小诸侯"，有自己的一块封地。例如卫鞅被封在商於这个地方以后，

就被尊称为"商君"。孟尝君，既是公子，也是君。

但有着这样尊贵身份的孟尝君，童年却很悲惨，还差点儿小命不保。这个故事要从他爸说起。

他爸叫田婴，是齐国王族近室。确切点讲，田婴是齐威王（田忌、孙膑时期的齐国国君）的小儿子。当时田忌、孙膑讨伐魏国的时候，田婴也去了，于是就有了战功；后来田婴他爸死了，田婴的哥哥继承了王位，即齐宣王。田婴凭借在国际外交舞台上的功绩，一路官至齐国的国相。做了十一年国相之后，他哥哥也死了，他的侄子齐湣王即位，更尊重田婴了，把所有国政都交给他打理，他把持着齐国朝政。齐威王曾分封给田婴一块地——"薛"。所以，田婴也有自己的封号，叫靖郭君。

孟尝君叫田文。名字叫什么并不重要，关键是，孟尝君是庶出，而且不是一般的庶出，史书记载，是"贱妾"生的。在中国古代家庭中，妾的地位已经很低了，还要特地在前面加个"贱"字，可见地位肯定是真的低贱了，田文很有可能是田婴随便临幸了一个底层丫鬟生的。

不过，不管孟尝君他妈再怎么低贱，孩子还是生下来了。但出生日期特别不好——五月初五。当时人迷信，相信五月出生的小孩，会克父母。田婴本来就不喜欢孩儿他妈，对这个新生儿自然也没什么感情，又碰上那么个霉头，就吩咐孩儿他妈，把这个小孩儿弄死。

做娘的当然不肯，于是就偷偷养着。田婴也不知道，毕竟他有四十多个儿子，根本记不清哪个是哪个。

田文为了保住小命，躲躲藏藏，给他幼小的心灵造成了很大的阴影，也让他明白了一个道理，没有力量和地位，人生就是个悲剧。所以，一定要努力往上爬。

田文想，首先，就是要想办法成为老头子的继承人。不过，在当时的情况下，实现这一点儿难度很大，因为，这个时候，田文在他老子记忆里还是个"死人"。

于是，田文迈出了第一步。他让母亲通过自己的兄弟"引荐"自己给他爸。他爸一听说当年这个小屁孩儿还没死，当场就发飙了，骂他的贱妾，我让你弄死他，你却背着我养活他，你还要不要命了？气氛一下子很紧张。田文却不紧不慢地走上前，先给他爸磕了个头，然后装作无辜地问他，为什么老爹您要弄死我呢？

田婴心想，这贱妾生的小孩儿就是无知。他就没好气地说，你不知道吗，五月生的小孩儿，长到门楣那么高的时候，会克死他爸妈。田文不正面回答，反而是问他爸，人的命运是上天决定的呢，还是门楣决定的呢？田婴一听这小子还敢抢白自己，很不高兴，又要发飙，但一下子却也接不上来话。

这段话是田文早就想好了的。他知道老头子答不上来。于是他就接着说，如果是上天决定的，那父亲您有什么好忧虑的呢？如果是门楣决定的，那加高门楣就好了。田婴听了，心里五味杂陈，无言以对，摆摆手让他闭嘴退下。

父子之间的初次见面，就这么结束了。结果是，田文获得了儿子的身份，保住了小命；而田婴也开始对这个儿子另眼相看了。

光得到儿子身份还不够，要想成为继承人还差得很远。于是田文开始了第二步行动。

他慢慢博取他爸的好感，寻觅机会。一次父子喝茶，田文就装作聊天问他爸，儿子的儿子叫什么？田婴说，叫孙子。田文接着问，孙子的孙子呢？田婴说，玄孙。田文还继续，那玄孙的孙子呢？田婴心想，你这钻牛角尖呢，无聊不无聊，就没好气地说，不知道。

于是田文就开始讲大道理了。爹啊，您执掌齐国大权十几年，辅佐三代君主。国土没有怎么增加，门下也没有什么牛人，但老爹您自己却富得流油。您看看，您的那么多老婆可以随便扯绫罗绸缎做衣服，但有才能的人却连粗布衣服都穿不上；您的仆人奴隶每天都有肉吃，而厉害的人却连榨菜都吃不上。您想存钱以后能留给玄孙的孙子花，但事实却是您都不知道该怎么称呼您的那些后代们，您觉得值吗？而现在国家失势，家族走下坡路，我担心这些财富都传不过几代。

田婴一听，入情入理。从此以后，越来越器重田文，让他来主持家里的大小事务，延揽宾客。田文也利用手中的权力，广结朋友，广纳宾客，提升自己的知名度，并积极结交各国贵族。他们向田婴请愿——立田文做继承人。田婴看到田文那么受人欢迎，就答应了。于是，田文就继承了田婴的爵位，称薛公，号孟尝君，成为家族领袖，把持齐国朝政。

可见，孟尝君是个情商极高的人。


## 食客三千，鸡鸣狗盗

孟尝君的长处，是招揽人才。最多的时候，他门下各种人才多达三千人。为什么那么多人愿意归附他呢？先总结一下，有这么几个原因：

第一，孟尝君招贤纳士从不问出身。不管是什么样的人，他都收。那时代很多亡命之徒或者在逃通缉犯，都跑到他那里寻求庇护，他也一概照单全收。

第二，在吸引人才这件事上特别大方。有几次家里现金流都快断了，他还死撑着养活大家。孟尝君宁肯把家业都卖了，也要招待宾朋。

第三，待人特别注重细节。很多人第一次来拜访孟尝君，往往回到家里就发现孟尝君已经派人给自己送去礼物了，会觉得非常不可思议。其实，这是孟尝君每次问起他们住处的时候，都会让人在屏风后偷偷记下，然后马上送礼物过去。这个小把戏，很能打动人。

第四，待人很公平。不分贵贱，孟尝君吃什么穿什么，所有宾客也跟着吃什么穿什么。这里有个小故事，说有次孟尝君招待宾客吃晚饭，餐厅灯光很昏暗，有个客人觉得光线那么暗，饭菜肯定是分了三六九等的了，于是就特别不忿，开始闹事。孟尝君端起自己的碗给他看，向他说明所有人的饭菜都是一样的。那个客人看了以后，羞愤无比，当场刎颈自杀谢罪。（这个托儿演得可真卖命啊！）

第五，特别尊重宾客，能纳谏。孟尝君曾经访问楚国，楚王一看他是国际名人，一高兴，就送了他一件特别贵重的礼物——象牙床。楚王让一个叫登徒子的人把东西护送回齐国。登徒子不愿意，怕碰坏了要担责任，就请求孟尝君的门人公孙戌帮忙推了这个差事，并答应事成之后给他一个大礼。公孙戌就跑去跟孟尝君说，老大你现在之所以国际名声那么好，就是因为大家觉得你仁义、廉洁，你如果这次收了象牙床，那下次其他国家要拿什么东西来讨好你呢？你的国际形象不就一落千丈了吗？孟尝君想了想，觉得他说的有道理，就采纳了。后来，孟尝君知道公孙戍是抱着私人目的来劝诫自己的，也没有惩戒公孙戍，反而贴了个布告，说，只要能指出我的错误，弘扬我的名声，即便是出于私人目的，我也非常欢迎。一时传为美谈。

所以，孟尝君门下食客三千，并非偶然。

孟尝君的名气越来越大。秦国当时的君主秦昭襄王听说了，就派泾阳君去齐国做人质，并邀请孟尝君访秦一聚。孟尝君一听，秦王邀请自己，这面子大了去了，赶紧收拾行装，屁颠屁颠准备出发。这时候，苏代（苏秦的兄弟）给他讲了个土偶人、木偶人的故事，告诫他要小心，这次可能是有去无回、客死异乡。孟尝君听了，想了想，就决定不去了。

不过，在秦王的一再邀请下，为了不影响齐国和秦国之间的战略合作伙伴关系，齐王还是派孟尝君去了秦国。秦王还真是很大度，一来就封他做丞相。如此快速地受宠一般都不是什么好事，何况秦国从商鞅之后一直都很排外。于是群臣就在秦王面前给孟尝君泼脏水，说，这哥们儿再怎么说，都是齐国宗亲近室，谋划事情肯定是优先考虑齐国的利益，这样的人怎么能安心委任他做丞相呢？秦王想了想，觉得说的是事实；而孟尝君确实有才能，也是事实。随后，秦王想起了当年魏王不用商鞅而导致割地的先例。想到这里，秦王拿定主意，这种人不能为我所用，也不能让他为其他人所用。于是，秦王立刻就撤了孟尝君丞相的职务，将他软禁起来，准备找机会下黑手。

孟尝君一看这个阵势，苏代预言的事情就要成真了，就很紧张，召集底下的门客开会商量办法。有人说，咱们用美人计吧。孟尝君一听，觉得靠谱，就派人去联系秦王宠妃，让她吹吹枕边风。一会儿，带了回话来，宠妃说了，枕边风可以吹，但要拿孟尝君那件天下无双的白色狐皮裘做交换。孟尝君从来就不在乎财物，况且狐皮裘换命，这是多值的生意啊。他立刻就派人去拿那件狐皮裘。

不想，底下人回来却是两手空空。狐皮裘呢？老板，你之前送给秦王了！孟尝君仰天长叹，这下是天绝我也！这时，门下一个獐头鼠目的哥们儿跑出来说，老板，放心，包在我身上。孟尝君看了他一眼，问，阁下有什么办法吗？这哥们儿说，我没什么特别的本事，但就特别擅长钻狗洞去偷东西，俗称"狗盗"。孟尝君听完，觉得自己活命有望了，很高兴，立刻吩咐安排"狗盗"当天去秦王宫偷狐皮裘。

"狗盗"不负众望，顺利拿到了狐皮裘。宠妃很高兴，当天晚上狠狠吹了一阵枕边风，秦王当时就同意了让孟尝君回国。孟尝君一听到这个消息，怕夜长梦多，趁着夜色立刻动身。果然，秦王一会儿就后悔了，赶紧派人送话，要求务必看好孟尝君，来人却回报说他已经跑了，秦王觉得大事不好，就派人快马加鞭去追杀孟尝君。

这时候是大半夜，孟尝君已经跑到秦国边境函谷关下了。但是函谷关有条规定，晚上是不开门的，必须听到公鸡打鸣才可以开门。孟尝君那个着急啊，后面追兵的马蹄声已经隐约能听到了，他的小命却掌握在一群鸡的嗓子里。关键时刻，门客中一个长得尖嘴猴腮的哥们儿走了出来，说，看我的。说完就学起鸡叫来。别说，这哥们儿可能年轻时候做过特殊职业（目测很可能是周扒皮老祖宗），学"鸡鸣"学得还真像，不一会儿，函谷关附近的鸡就跟着一起叫唤起来了，士兵就打开了门，孟尝君于是得以顺利逃出秦国。

本来啊，"狗盗"和"鸡鸣"在门客当中是非常不受待见的，其他宾客都以跟他们一起打工为耻。但经历这次化险为夷以后，就再不敢小瞧他们了，也由衷钦佩孟尝君的待人之道。


## 功高震主，流离各国

孟尝君在回国的路上，还发生了一个小插曲儿。路过赵国的时候，当时"战国F4"中的另一位——平原君赵胜，迎出来招待他。于是，孟尝君的团队就在赵国逗留了几天。

赵国人当时也爱八卦，追星么。听说F4老大来了，虽然不开演唱会吧，也争相去一睹真容。孟尝君，大家知道，是贱妾生的，他妈估计没什么姿色，儿子随母，长得也不行。赵国人看了孟尝君真容以后，就嘲笑他，原来以为F4老大多帅呢，没想到是个精干巴瘦的小老头儿。孟尝君听了这些揶揄他的话，噌的一下就上火了。于是，他带着人上街，见人砍人，在赵国杀了几百个人，毁了一个县城，方才离开。

孟尝君不是很注意维护自己的国际形象的吗？不是很礼贤下士的吗？不是情商极高的吗？怎么会这么不顾及形象，在别国领土上搞这种惨绝人寰的大屠杀呢？我认为，这不奇怪。由于小时候的悲惨经历，孟尝君的内心其实是很阴暗且脆弱的。再加之前不久刚经历了生死考验，压力太大，急需发泄，再者赵国人的所作所为也确实有点儿犯贱，所以阴差阳错就搞出这么个事情来。

孟尝君回到齐国以后，齐王觉得有愧于他，就封他做齐相，总揽齐国大权。孟尝君对秦国怀着深深的敌意，咽不下这口气啊！孟尝君就想要联合韩国和魏国攻打秦国，于是问西周国借兵器和粮食。

在这节骨眼儿上，苏代又出来了。但这次苏代的立场变了，他是代表西周国来游说孟尝君的。西周国那个时候地位很尴尬，夹在几个大国之间，动不动就被牵扯进战事里面去，很是郁闷。这次当然不想再被牵扯进来了，于是苏代一阵晓以利害，告诉孟尝君这样做对齐国不利，并为他提供了另一套解决方案，以帮助齐国获得实利。孟尝君情商还是很高的，冷静下来想了想，攻打秦国确实并非好的选择，就顺水推舟接受了苏代的建议。于是，那几年大家相安无事，和气生财。

另一方面，孟尝君毕竟还养着几千个门客呢，所以他对收租这件事还是看得挺重的。他派他的侍从魏子去收租，但一连三次，啥也没有收到。孟尝君问他，什么情况。魏子说，有位贤德的人，我私自借您的名义把收到的租子送给他了。孟尝君听后，气就不打一处来，这边还有几千口人等着吃饭呢，你就不明不白把租了送人，脑子被门夹了？当场辞退了魏子。

过了几年，齐国有流言说孟尝君要叛乱。后来真有人叛乱，齐湣王觉得是孟尝君幕后指使的，想办了他。孟尝君听说后，赶紧出逃。这时候，魏子赠租的那个贤人出现了，上书齐王谏言这件事跟孟尝君没关系。而且，他用的方式比较特别，是死谏。这哥们儿把意见书一交，就跑到宫门口自刎了，以此证明孟尝君的清白。齐王和他的小伙伴们都震惊了，于是让人好好调查了一下，发现确实不是孟尝君所为，就把他召了回来。孟尝君这时候年纪也大了，对内斗、外斗都已厌倦了，就提出告老还乡，齐王准了。

但其实齐湣王还是放心不下。一个国际声誉那么高的人，手下能人异士那么多，现在自己又管不着他，保不准他什么时候会叛乱。于是，齐湣王就想找机会除掉孟尝君。孟尝君听说了以后，很害怕，干脆跑到了魏国，并联合秦国和赵国，帮助燕国出兵齐国，打败了齐军。齐湣王外逃，不久就死了。

经历了各种背叛和钩心斗角后的孟尝君再也无意在哪个国家做官了，他就安心待在自己的封地上，跟各国保持友好往来。他所在的薛地成了当时战国列强中的一个中立国。新上任的齐襄王也不敢得罪他，双方保持着礼节性的交往。孟尝君死后，几个儿子不争气，争爵位，国家被齐国和魏国联手灭掉，孟尝君自此绝嗣。


## 鸡鸣狗盗和一人定邦

孟尝君很有名，特别是他的纳谏和礼贤下士，一直为后世奉为典范。

但是，对于他照单全收地招揽门客这种行为，太史公和光哥却非常一致地给出了负面评价。

太史公说得比较含蓄。他说，他曾经路过薛这个地方，当地民风非常粗犷，跟隔壁的邹国和鲁国淳朴的民风相去甚远。问人原因，回答说，当年孟尝君招贤纳士，天下流氓地痞搬到这个地方的有六万多户，才导致直到现在民风如此粗犷。于是，太史公感叹，孟尝君好客，确实名不虚传啊——这其中倒有种嘲讽的意味。

光哥就直白多了。他说，像孟尝君这种招贤纳士，不分品德高低，不论能力好坏，一概留用，而且都作为私人门客，并非为了天下国家。这简直就是个奸雄所为，跟商纣王有什么区别。而真正的圣人，只需要养一人即可有利于天下，所谓一人定邦也，这才是养贤之道。

更有甚者，光哥的政治死对头王安石，曾特地撰文批评孟尝君。这篇文章，哪怕是在文言文时代，篇幅都算极短，但却非常出名。在此附上全文作为本篇结尾——

## 王安石《读孟尝君传》

世皆称孟尝君能得士，士以故归之，而卒赖其力，以脱于虎豹之秦。嗟乎！孟尝君特鸡鸣狗盗之雄耳，岂足以言得士？不然，擅齐之强，得一士焉，宜可以南面而制秦，尚何取鸡鸣狗盗之力哉？夫鸡鸣狗盗之出其门，此士之所以不至也。

【第十二篇】

# 说客的生涯

------------------------------

时间：周显王三十六年—周赧王五年

（前333—前310）

人物：张仪

内容：张仪瓦解苏秦纵约的过程

　　张仪缓缓睁开眼睛，发现躺在自己家里的床上，老婆在床边哭。

　　我这是死了吗？

　　全身剧烈的疼痛感回答了这个问题。

　　他想起来了，昨天本来在楚相家里喝酒，后来就被人诬陷说他偷了一块玉，被吊起来拷打了一晚上，最后自己昏死过去。再后来的事情就完全不知道了。

　　老婆看他睁开眼，就停了哭，问他要不要吃东西。

　　不用，张仪忍着剧痛坐了起来，我昨天晚上是怎么回来的？

　　别提了，他们找了辆粪车把你当尸体一样扔到家门口，我当时真的吓坏了，还以为你死了。老婆眼泪汪汪的。

　　张仪活动了下筋骨，虽然痛，但似乎没什么大碍。

老婆说，你要是不读书，不去做说客，也不会受到这样的屈辱，不如我们回家安分种地吧。

张仪做了个鬼脸，伸出舌头，上下左右摆动了几下。你看看我舌头还在不在？

老婆被他的样子逗乐了，说，舌头还在啊。

这就够了。

楚国这个地方是待不下去了，得另找地方混口饭吃。

他想到了一个人。于是，他去了赵国。

张仪来到赵国国都，问人，苏秦府在哪里？

那人指着拐角处一座富丽堂皇的房子说，那就是。

果然是发迹了。

苏秦和他原来一起在鬼谷子门下念书。鬼谷子喜欢让学生们互相出题解题，苏秦自以为很会出题，但每次都能被张仪轻松破解。不过，当年张仪对苏秦还是很仗义，经常给他抄个作业打个小抄什么的。如今，苏秦却已经是赵王的上宾了。

他应该会帮我吧，张仪想。

暗自思忖好说辞，张仪便走到了门房处，对那小厮报了自己的名字，让他通报一声。

小厮从门缝里扫了他几眼，哼了一声，说，等着吧。

张仪在门口一直等到了晚上，没有等来任何消息。

第二天，张仪接着来，还是一样的情况。第三天同样如此。

张仪有点儿心灰意冷，不如离开此地吧。

走到城门口，守城士兵看了眼他的证件，挡住了他，不让他出城门。张仪要理论，士兵一拳送了他一个黑眼圈。张仪老婆拉着他赶紧跑回了客栈。

见，见不到；走，走不了。这都什么事儿！张仪很生气，但更多是无奈。人没有点儿权力，看来是绝对不行的啊。

第二天，张仪正忧虑午饭吃什么的时候，苏秦派人来邀请他去府上一聚。

好好，我换身衣服就去。张仪换上他最好的衣服，虽然也是件麻布衣服。

苏府里面比外面更加豪华。进去一个大厅，苏秦坐在正中，两边还坐了二三十人，都穿着绫罗绸缎做的衣服。张仪那套精心挑选的衣服连苏府里仆人的制服都比不上。苏府的仆人对这种场面驾轻就熟，看来这种规模的宴会应该是每天都有。

张仪走到苏秦面前。苏秦刚喝完一杯酒，有点微醺。张仪给他施礼。

老同学，别来无恙？听说来了几天了，我这里一直抽不开身，抱歉抱歉。苏秦也不起身，一只手支着脑袋，拿眼睛斜着看他。

张仪说，没关系，就是来看看老同学，也没什么其他事儿。

赶紧带张先生入座啊！苏秦摆摆手，让身边一个小厮领张仪入座。

小厮带着张仪，从大厅一直往外走。走到堂下一个小桌子前，说，张先生，请入座。

张仪傻了。那桌子和上面的饭菜分明是给仆人用的。

张先生，快坐吧。站着有碍观瞻。

张仪硬着头皮坐了下来。

张仪这顿饭吃得真是如坐针毡，比前两天被吊起来打都痛苦。

堂上乱哄哄的喝酒寻欢没他什么事儿；吃的东西也完全不一样，堂上是山珍海味，张仪面前就两碟咸菜一碗泡饭。

苏秦是醉了。当着那么多宾客的面，说，这小老弟当年读书读得比我好，但现在混得连件像样的衣裳都没有。这次来投奔我，大家说说，让他做什么合适？

门房！一个宾客叫了一声。堂上一片哄笑。

张仪涨红了脸，本来准备好的说辞完全讲不出口了。

走出苏府的时候，张仪觉得自己受到了奇耻大辱。此仇必报！

比赵国更强的，只有秦国了。那就入秦吧。这次，必须成功。张仪卖掉了所有用不上的东西，换了点儿盘缠，踏上了向西的路。

张仪在路上遇到了贵人，一路帮他打点住宿行装，还为他见秦王做了安排。

秦惠王是个年轻人，五年前刚灭掉了商鞅一党，去年又打发了苏秦，对说客之徒从不轻信。但张仪却依靠他的才华和舌头顺利获得了这个年轻人的喜爱。不过，由于有商鞅的先例，秦惠王也不敢一下子太过重用张仪这个魏国人，只是让他担任秦国的客卿。

张仪的事业终于踏出了第一步。贵人这才告诉他，他是苏秦的门客，专门过来帮助他的，当时在赵国羞辱他也是苏先生的安排，只为了激励他去获得秦国的权柄。如今他完成使命了，要回去复命了。唯一的要求，是苏先生希望张仪能说服秦王不要攻打赵国，以实现苏秦组织合纵联盟的愿望。

张仪听了，心里五味杂陈。但不管怎么说，苏秦这个忙帮大了。他对苏秦的门客说，苏先生高明，只要苏先生要求，我张仪一定竭力维持。

苏秦啊，你这是要用一辈子的时间来让我解一道题啊。

张仪还是有他的梦想的。他看见当年不如自己的苏秦搞"联合国"搞得风风火火，心里十分痒痒，但是由于有约在先，自己在秦国的根基也不够深厚，只能暂且隐忍。

因而一连几年的时间，张仪并没有对秦国的对外扩张起到什么贡献，但他却凭借自己的聪明才智，为惠王出谋划策，博得了惠王的信任。同时，他也在默默观察苏秦的部署，心里盘算着解法。

这时候秦国的实力虽然强大，但是由于有纵约联盟的存在，山东六国都在联手压制秦国，秦惠王很是头痛。张仪向惠王建议，秦国应该积极外扩，打破这个格局。

惠王问，你有办法瓦解合纵吗？

张仪信心满满，苏秦可以纵着来，我们可以横着来。

惠王有点儿忧虑，如果成功了，当然是好事；如果不成功，那我就要沦为六国的刀下鬼了。

张仪对惠王说，人既然迟早要死，为何不死得体面一些？死在刑场上，远不如死在战场上。我们必须抗争到底。

惠王思考了一阵，默默点点头。从此，惠王和张仪之间有了一种十分牢固的特别关系。

张仪开始了他的战国大外交。

第一个目标是魏国。惠王派张仪带着自己的儿子公子华，出兵去打魏国。

仗打得很顺利，张仪率军攻陷了魏国的蒲阳。但对于秦国来说，蒲阳并不是个很有价值的地方，秦国更希望占有魏国的上郡，这样，以后发生战事，攻防都有依据。于是，张仪献计，让秦惠王把蒲阳还给魏国，并把公子繇送到魏国做人质。

张仪护送公子繇来到魏国，对魏惠王说，秦国对魏国很仁义，不仅归还了土地，还把公子送来做了人质，魏国也得有所表示才行。张仪向魏惠王说明了对上郡十五县的领土要求。

魏惠王其实一直很头疼，他不想跟秦国为敌，但是有碍于国际舆论，又不能不对秦军有所抵抗。这次虽说自己吃了亏，但是一来可以跟秦国保持和平，二来面子上也过得去，这次是换地又收了人质，也可以给其他国家做交代，没怎么犹豫就答应了。

张仪为秦国立下大功，回国后随即被秦惠王任命为国相。四年后，张仪又率军攻打魏国，夺取了陕地。

次年，在张仪的安排下，张仪与齐国、楚国的国相在啮桑召开了一次总理级别的会谈，对齐楚两个大国做了一次试探。

张仪本以为，经过这次会谈，他能够用自己的口才说服齐国和楚国放弃纵约联盟，而与秦国建立友好关系。可惜，这些老奸巨猾的大国总理根本不吃这一套。表面上和和气气，但背地里完全不来事儿。张仪尝到了国际政治的真正滋味。

还是要先从纵约联盟中打开一个缺口才行。

张仪对秦惠王说，让我出仕魏国吧，说服魏王带头向大王称臣。

惠王有点担心，但是在张仪的坚持下，还是派人护送张仪去了魏国。

于是，张仪做了魏相，然而魏惠王并不信任他。只是出于对秦国的畏惧，才让他做了魏相。张仪用尽各种口才之术，也没能说服魏惠王。不过，他人在魏国，倒是搞到了不少军事情报，秦惠王根据这些情报出兵魏国，又得了不少好处。

几年之后，魏惠王过世，儿子魏襄王即位。刚好，这时候山东五国共同出兵讨伐秦国，但在函谷关下，被秦军大败。次年，秦国又打败了韩军，并屠杀了八万俘虏，各国震惊。

更重要的是，苏秦死了。

听到这个消息，张仪如释重负，终于可以开始解题了。他赶紧穿戴整齐，跑去见魏襄王。

不出所料，魏襄王正皱着眉头在发愁呢。

张仪顺势给魏襄王分析了形势，说魏国夹在几个大国中间，防线长，常备军却少。虽然苏秦依靠口舌之利让山东六国联盟，但大王您心里清楚啊，每个国家都是心怀鬼胎，时不时还爆发个边境冲突什么的。这样的联盟能靠得住吗？如果秦军放手攻打过来，魏国的军事力量恐怕支撑不到五国的援兵到来啊。我也是魏国人，我也怕自己家乡到时候被战火烧毁啊。所以，大王您还是好好考虑一下，派我去秦国让秦魏两家修好吧。

魏襄王觉得他说得有理。这个纵约是他父王在的时候签的，他自己一向不喜欢苏秦。况且，盟友之间的尔虞我诈也让他感到恶心。魏襄王想了想，就听从了张仪的意思，让他去秦国向秦王表明自己的态度。

张仪的解题步骤已经完成了第一步，他已经从纵约联盟中打开了一个缺口。于是，他回到秦国，继续当相国。

张仪选择的下一个突破口是楚国。当时齐楚关系非常亲近，共同进退。张仪跑到楚国劝说楚王背弃齐楚同盟的约定。

那本王能拿到什么好处呢？楚王咄咄逼人地问道。

只要齐楚断交，秦国愿献上商於（之前曾封给商鞅的地方）地方的六百里土地以示诚意，张仪顿了顿，还有，秦国的西域美女。

楚王喜欢美女，当然，更喜欢这白捡的六百里土地，很高兴地答应了。楚国有大臣对此提出了异议，认为这条件太蹊跷，建议楚王暗中和齐国联系，只是表面上断交，等收到土地再另行打算。但被楚王狠狠地斥责了。

就这样，齐楚断交了，楚王派使节与张仪一同归秦去接收土地。

楚王还真是实诚人，张仪暗暗笑道。既然齐楚已经断交了，秦国又为什么要再白白付出这六百里土地呢？于是，张仪想了个计策。

返回秦国以后，张仪佯装从车上掉了下来，摔断了腿，三个月都没有上朝。楚王听说后，觉得有些奇怪，就托人去张仪那里打探情况。得来的消息是张仪觉得楚国跟齐国绝交得还不够彻底，怀疑他们只是表面断交，暗自仍旧修好。

楚王狠了狠心，舍不得孩子套不到狼！他找人拿了宋国的符节，跑到齐国去侮辱齐王。齐王这下是真气坏了，前阵子是莫名其妙断交，这下又莫名其妙受到凌辱，觉得楚王这个朋友真心不能再交往了，于是就修书与秦国修好。

张仪听说了，腿立马就好了，跑出来见楚国使者，故作惊讶地问，怎么还不去接受割地？

使者哭丧着脸，割地在哪里啊？

张仪说，就在那边，一共六里。

使者知道上当了，立即回国报告楚王。楚王咽不下这口气，立刻派兵去攻打秦国。

秦国最喜欢的就是打仗了，大败楚军，杀了八万人，俘虏了七十多名高级官吏，并乘势夺下了汉中郡。

楚王是个死脑筋，再次集结了国内所有军队，想跟秦军决一死战，当然，再次战败。其他国家——那些所谓的盟约国，看到楚国危困，也想趁火打劫。楚王为了不被灭掉，只得找秦国割地求和。一来一去，不仅在国际关系上一败涂地，还丢了很大面积的国土。

秦惠王对楚国的压榨并没有完全结束，又想重来一遍当年跟魏国换地的交易。于是就派人去跟楚王说了。楚王回复，换吧，但我不要地，要张仪这个人。

张仪听说了，就跟秦惠王说，让我去吧，免费拿块地，何乐而不为。

秦惠王说，你这一去八成就是惨死的结局啊。

张仪说，秦强楚弱，有大王这座靠山，楚王绝对不敢杀我。而且我在楚国还有一些关系，必能全身而退。

秦惠王同意了。

张仪就去了楚国。楚王对张仪是恨到骨子里了，张仪一入楚境，就被五花大绑关了起来。

于是，张仪所谓的关系——楚王近臣靳尚开始为张仪活动了。他跟楚王的宠妃郑袖说，夫人快要大祸临头了，不知道吗？

郑袖一头雾水。

秦惠王很喜欢张仪，为了张仪的性命，他愿意拿土地和美女来交换。土地倒没什么，倒是秦国的美女啊，啧啧，听说又有姿色又有手段，夫人你眼看着就要失宠啊。

郑袖是个妇人，被靳尚这么一吓唬，就中了圈套。于是，她天天就在楚王面前哭啊，说如果楚王要杀张仪，秦国肯定要来打楚国，大王你让我远走高飞吧，我不想被秦兵凌辱啊。

楚王本来已做好准备想再跟秦军干一仗的，但他老婆天天跟哭丧似的，弄得他心烦意乱。最后，他还是放了张仪。张仪趁机说服楚王彻底背弃了纵约，跟秦国修好。

这么着，楚国这个缺口也被突破了。张仪离完全解开苏秦留下的难题已经不远了。

当时那国际关系，本来就复杂，又被张仪这么一折腾，脆弱的纵约联盟早就名存实亡了。于是，张仪趁热打铁，把其他几个国家的国君都说服了。

苏秦，看来你还是不如我啊。回咸阳的路上，张仪得意地自言自语。

大人，不好了！门客神色慌张地跑到张仪的车前。

怎么了？张仪漫不经心地问道。

秦惠王死了！太子即位了！

啊？！张仪昏死过去。

张仪缓缓睁开眼睛，发现躺在自己家里的床上，老婆在床边哭。

我这是死了吗？

全身剧烈的疲倦感回答了这个问题。

他想起来了，自己正要进入咸阳的时候，听说了秦惠王去世的消息。

这下全完了。

张仪与太子不和是天下皆知的事，如今这个节骨眼儿上换秦王，无异于告诉天下，张仪在秦国已经毫无政治影响力了。

果不其然，随后，门客就告诉他山东六国都反悔了，重新组织了纵约联盟。

罢了。张仪心灰意冷。不如回故乡养老吧。

张仪对秦武王说，老臣年纪大了，死之前想再为秦国做点儿事。不如让我去魏国吧，齐国听说我去了魏国，必定会派兵攻打。这时候大王你就可以乘机打韩国，甚至直接挟持周天子，为之后成就统一霸业打下基础。

秦武王明白张仪的意思，他知道张仪是在找借口逃离自己。他虽然不喜欢张仪，但张仪毕竟有功于秦，就同意了。

张仪就去了魏国。齐王听说了，果然就派兵来打了。张仪这时候已经不想搞什么阴谋诡计了，他回魏国，就是想安度晚年的。所以，他一方面安慰魏王，一方面派人去楚国借使者出使齐国，让使者把之前张仪跟秦武王的计划全盘告诉齐王。齐王听了，果然就退兵了。

过了一年，张仪就死了。

# 第十三篇

# 京华烟云

-------------------------------

时间：周慎靓王五年—周赧王三十六年

（前316—前279）

人物：苏代、燕昭王、乐毅、田单

内容：燕国往事以及乐毅传

小时候我特别喜欢看电视剧《三国演义》，每年暑假都看。每次看到水镜先生向刘皇叔推荐诸葛亮的时候，就由衷地激动。水镜先生说诸葛亮平时没事儿常自比管仲、乐毅。旁边关云长就冷笑，说，某闻管仲、乐毅乃春秋战国名人，功盖寰宇；诸葛亮自比此二人，毋乃太过？水镜先生笑道，跟这二人比委屈这小老弟了，我觉得应该用另二人比。云长问，哪二人？水镜先生说，可比兴周八百年之姜子牙、旺汉四百年之张子房也。

姜子牙我们早些时候八卦过了，张子房（即张良）我们在后面也会说到。管仲不说了，讲讲乐毅。

这件事还是要从苏秦讲起。

## 燕王让贤

话说苏秦跟燕文公的遗孀私通之后，被燕易王发现了，就跑去了齐国，最后在齐国死于政治斗争。苏秦虽然死了，但是他的影响力仍然很大。以前家里那些看不起他的亲戚，纷纷把他当作榜样，他的兄弟也都出来当说客。

苏秦有个弟弟叫苏代，就是那个用土偶人、木偶人劝说孟尝君不要去秦国的苏代，他混得不错，跟燕国的国相子之还结成了亲家。这时候的燕国君主是燕易王的儿子，叫姬哙。子之不甘心只做个国相，一心想篡燕王的位。于是，他就跟苏代商量，如何夺得燕国大权。苏代便一直留意机会。

一次，正巧苏代访齐回来。燕王一方面很关心强邻的实力，一方面估计也是八卦，就问苏代，齐王是个怎么样的人啊，能不能称霸呢？苏代一看，机会来了，于是就顺水推舟地说，我觉得齐王成不了大器。燕王听了，心里很高兴，但表面仍然很冷静，问他为什么。苏代就说，齐王最大的问题就是不信任他的大臣，不肯把权力分配下去，所以肯定没法称霸。燕王听了，说，有道理，这点儿我比他强。这可就中了苏代的诡计了。从那以后，抱着"比齐王强"的想法，燕王就把国政大事托付给了子之，以证明他是个充分信任臣下的主公。

这还不够。

过了一阵，一个叫鹿毛寿（真是好奇怪的名字）的大臣——当然，也是子之和苏代的托儿——跑来跟燕王说，老板你真是个明君，那么信任臣下，燕国一定能富强。燕王很得意，说，我跟尧相比应该也差不多了吧？鹿毛寿露出为难之色，装出一副很耿直的样子，说，还差一点儿。燕王眉头一皱，问，还差哪一点儿？鹿毛寿说，尧之所以被称为圣人，是因为他能让出天下；大王你现在还达不到尧的境界呢。燕王又一次被洗脑了，为了能成为尧这样的人物，他把所有王权一股脑儿都交给子之了，自己"下野"了。

子之还是不满足，因为还有太子，斩草要除根。

于是，第三波游说开始了。有一个人跑去对已经下野的燕王讲夏朝开国的故事，说，大禹当年推荐益为接班人，却又让自己儿子启的手下去做益的官吏。等禹死了以后，启立刻发动自己这班老部下去帮助自己夺取政权，成功赶走了益，开创了夏王朝。所以，后来人都说禹是故意这么安排的，表面上传位给益，实际上却安排了自己儿子启去夺位。大王你现在也是一样的啊。现在大家都在说，表面上你把国家托付给了子之，但任免官员的权力却仍然掌握在太子手里，这是打算安排太子到时候去夺权啊。

燕王真是"从善如流"啊。为了让自己能够比大禹更"贤明"，他把所有三百石以上的官吏印章都收缴了上来，全部交给子之任命。

于是，子之无论从形式上还是事实上，都成了燕国的王。而燕王姬哙呢，表面上做了比大禹还厉害的圣君，但事实上却反而成了子之的奴才。

这是我看过的最扯的，也是最温和的篡位过程。

## 祸起萧墙

子之不是个贤德的人，上位之后，国内矛盾加剧。子之做王三年，国内大乱。

前太子姬平不是傻子，眼睁睁看着自己家族的王位通过这么可笑的方式被子之夺去，自然心有不甘，一直在隐忍着等待机会。

这时候，一个叫市被的将军找到了姬平，谋划趁这次的混乱局势，杀了子之，扶持姬平做燕王。同时，齐王还特地派人来给姬平传话，说，听说你要整饬君臣大义，申明父子名位，这件事我的国家是非常支持的，你就放手干吧，我一定做你的坚强后盾。姬平想，国内军阀和国外豪强都表明支持自己的态度了，那还等什么呢，就放手一搏吧。

于是，姬平纠集自己的死党，派市被组织军队进攻子之。这个市被估计就是个混混儿，没怎么正儿八经打过仗，被子之那边的乌合之众给打败了；输了不说，还特别没气节，临阵就投降了，反过来进攻姬平。姬平这边，既然剑已出鞘，也没有退路了，只能死扛到底。这一来二去的，打了几个月，燕国死了几万人，民生凋敝，军队士气极其低落。

这时候，姬平的坚强后盾齐王开始动作了。齐王迅速调集了齐国五大城市的精锐士兵，联合北部边防军一同进攻燕国。燕国士兵已经连续打了几个月的仗了，而且都还不知道自己打这仗究竟图个啥，面对齐军毫无战意，城门就洞开着，燕国老百姓还拿着饮料小吃在路边欢迎齐军。于是，齐军一鼓作气，直捣黄龙，成功抓到了子之，把子之剁成了肉酱。

听到这个消息，姬平感动得都快哭了，他觉得齐王实在太仗义了，对自己简直是再造之恩；但随后的消息让姬平真的哭了——齐军把他爸、燕国老国王姬哙也一起杀了。

之后，就发生了我们在第十篇中讲述过的齐王和孟子之间的对话。齐王妄图吞并燕国，招致其他国家的不满。最后，齐国统治下的燕国百姓成功起义，赶走了齐军，立前太子姬平为燕昭王。

这一折腾，燕国元气大伤，虽然最终逃脱了被齐国兼并的结局，但仍然非常虚弱。


## 死千里马

燕昭王终于熬出头了。不过，他也明白自己上位时候的形势。于是，他积极地安抚因为连年战事受到极大伤害的燕国百姓，凭吊为国捐躯的燕国士兵，与百姓同甘共苦。

燕昭王是聪明人，在做完上述这些稳定政治局势的事情之后，就开始下血本招募人才了。他跟自己的大臣郭隗商量，齐王趁我们国内混乱的时候趁火打劫，还杀了我亲爹，我与他不共戴天！但燕国现在的国力实在太弱小了，没能力报仇。所以，我想，我一定要重金招揽有才能的人，让燕国富强，并一雪我和我爹的耻辱。郭先生，一定要帮我多留意人才啊。

郭隗说，我的朋友圈比较狭窄，恐怕会让大王失望，我们还是得想办法让人才自己找上门来。

燕昭王问，怎么做才能让人才自己找上门来呢？

郭隗开始讲故事。

古时候有个君主，让他的随从帮他去求购千里马，开价一千金。随从没找到活的千里马，只找到一匹死的。于是，他花了五百金把这匹死马的头买了下来，带回来给自己的主公。他的主公和他的小伙伴们都惊呆了！你是不是有毛病，买个死马的头回来，不能骑也不能配种。随从就说了，老板，你不想想，现在市场上都知道你求购千里马的迫切之心已经到了死马都买的地步了，听到这个消息，手里有活千里马的人还会不来吗？果真，不到一年的时间，这个君主就成功买到了三匹千里马。

郭隗说，大王，你现在也可以用一样的策略。我就吃点亏，演一回死马吧。

燕昭王会意一笑，挥挥手，立马安排人给郭隗翻修住宅，并尊他为老师。听到这个消息，其他国家的牛人纷纷来燕国应聘，其中就有来自魏国的乐毅，还有来自赵国的剧辛。燕昭王奉乐毅为亚卿。

哈哈，乐毅终于出场了。这个前奏有一点儿长了，别急。

## 乐毅伐齐

燕昭王即位后，振兴经济，招揽人才，过了五年。

燕昭王继续振兴经济，招揽人才，又过了五年。

燕昭王继续振兴经济，招揽人才，又过了五年。

燕昭王继续振兴经济，招揽人才，又过了五年。

燕昭王继续振兴经济，招揽人才，又过了五年。

燕昭王继续振兴经济，招揽人才，又过了五年。

对，一共过了三十年。燕国终于从一个民生凋敝的小破国家重新崛起为北方大国了。

可问题是，齐国在这三十年间，也一样在发展。齐湣王灭了宋国，往南逼退了楚国，往西染指三晋的地盘，很是得意。其实他不满足于齐国国王的地位，还想灭了周朝，自己做天子。齐王野心勃勃，臣下凡有劝谏者，都被他直接干掉了。

燕昭王这时候年纪也大了，估计再不报仇就快死了，就去找乐毅商量伐齐。乐毅说，凭借燕国一个国家的力量是不可能击败齐国的，必须联合三晋和楚国才可以。当时齐国在国际上太过嚣张，大家都对其不忿，于是纷纷响应燕国的号召，派兵支援。本来没秦国什么事儿的，但是战斗种族就是喜欢打仗，也派了一支军队来凑热闹。齐国公子孟尝君在其中也起了不小的作用。于是，国际联军就在乐毅的带领下，杀奔齐国。

齐湣王当然不会轻易服软，集结了齐国全部兵力来应对。双方在济水西边决战，国际联军大败齐军。

乐毅决定要带领燕军，长驱直入齐国。这个想法一提出来，剧辛就提了反对意见，齐国是大国，燕国比起来就要小得多了。这次能打败齐军，主要还是靠国际联军的力量。所以，我们不如图点实惠，在齐燕边境上一点点蚕食齐国土地，长远地扩大燕国的版图。如果长驱直入的话，对齐国并不能造成深刻的打击，对燕国也不能带来实质性利益，以后肯定要后悔。

乐毅说，齐王现在已经是众叛亲离的境地了，大臣没有不怨恨他的，百姓没有不愤恨他的。如今，齐军主力已经被击溃，国内形势肯定一片混乱，这是我们深入进军的最好时机。如果错过这个时机，等齐王发现了自己的错误并痛改前非时，那就难办了。于是就下令全军深入齐国。

果然，如乐毅所言，燕军一入齐国，齐国就大乱。齐湣王仓皇出逃。乐毅没费多少气力就攻入了齐国首都临淄，将城内的珍宝搬运回燕国。燕王很高兴，狠狠出了一口恶气啊，亲自跑到济水犒劳将士，并封乐毅为昌国君，让其继续在齐国境内攻城略地。

齐湣王当时已经是众叛亲离了，但仍然很自以为是。他逃到卫国，卫国国君把自己的宫殿让给他住，不仅向他提供日常用度，还向他称臣。但齐湣王却极其傲慢，卫国人实在看不过去，就把他赶出了卫国。这哥们儿又跑到了邹国和鲁国，仍然面有骄色，这两个国家也不愿意接纳他。

齐湣王最后跑到莒地，任命一个楚国将领淖齿为自己的相国。这个淖齿是受楚王委托来援助齐王的，但自己心里却打着如意算盘——想跟燕国平分齐国国土。于是，他就找了个理由把齐湣王杀了。不过，他自己的美梦也没做成，没过多久，就被齐国的大臣寻仇杀死了。

另一边，乐毅却没有停止他前进的脚步。乐毅知道要兼并齐国，关键在于民心。所以，他进入齐国后一直很尊重当地的风俗民情，严禁燕军士兵抢掠百姓，并寻访齐国的隐士高人，给他们非常好的待遇。在内政方面，他还放宽赋税，撤销严苛的法令。齐国的小朋友们高兴坏了！不仅如此，乐毅还亲自跑到齐国首都郊区去祭祀齐桓公和管仲，表彰齐国的贤德人才。

经过这一番收揽人心的举措，齐国王室大臣接受燕国封地的有二十多个人，接受燕国爵位的有一百多个人。短短六个月时间，齐国有七十几座城都被燕国占领了。

## 反间再反间

在乐毅的强大攻势下，齐国那叫一个惨啊。惨到什么地步呢？被攻占了七十几座城之后，离彻底亡国只剩下两座城了！

但是这两座城却偏偏坚持了三年多。

第一座城叫莒。

淖齿杀齐湣王的时候，齐湣王的儿子田法章改名换姓躲到了莒地一户人家里做用人。这户人家的女儿觉得这小哥长得很有气质，绝对不是普通人，于是对他关怀备至，常常私下送他衣服和食物，还私订了终身。齐国大臣干掉淖齿之后，就四下寻找齐湣王的继承人。田法章一直很害怕再闹出第二个淖齿，就一直等了很久才披露自己的身份。于是大家拥立他为齐王，坚守莒地，抵抗燕军，并宣告全国。

第二座城叫即墨。

里面的守将叫田单，他十分有智谋。

田单本来在临淄是个小官。当时燕军进入安平的时候，田单预先让自己家人给车轴端包上了铁皮。当城破的时候，因为人流奔涌，导致车轴互相碰断，车辆损坏难以前行，这些人最终都因为逃跑速度太慢，被燕军俘虏。只有田单一家，因为事先用铁皮包了车轴端，及时逃脱到了即墨。刚好当时即墨的行政长官出战抗敌，战死了。城内群龙无首，大家觉得田单有智谋，就共同推举他为守将抵抗燕军。

这两座城都特别硬，乐毅率领燕军包围了一年都没有攻下，于是，就让他的军队退到九里外修筑营垒，并下令要保证城内老百姓的生计。乐毅是很有政治头脑的，他知道拿下这两座城只是时间问题，但目前更重要的是要安抚占领区的齐国老百姓的情绪。如果对这两座城下黑手，保不准其他已经投降的齐国城市就会出现造反。所以，宁可攻占这两座城的时间拖得久一点儿，也不能失掉老百姓对燕军的信任。

就这样，拖了三年，仍然没有攻下。

于是，燕国国内就开始有流言了。

有人（这个人应该是田单派去的）对燕王说，乐毅当初一口气攻克七十几座城，现在只剩两座城却打了三年。这不是兵力和战术的问题，他之所以拖着就是想树立自己在齐国的威信，让齐国老百姓都信服他，这样他可以自立为齐王。现在齐国老百姓都信服他，他之所以还不行动，就是因为老婆孩子还在燕国。但齐地这么多美女，他迟早会变心的。大王您可要当心他造反啊。

这番话说得颇没有水准，燕王的反应则显出他的大度。

燕王听了这番话后，立刻大摆宴席，痛骂说这番话的人。燕王说，我父王在位的时候，齐国曾经带给我们奇耻大辱。我复国以后，一心想报仇，所以延揽那么多有才能的人。谁能让我复仇成功，我愿意跟他分享燕国大权。如今，乐先生为我大破齐国，踏平齐国宗庙，报了仇，我已经很满足了。齐国本来就应该归乐先生所有，而不是归燕国。况且，到时候，乐先生的齐国和我的燕国，永结友好，共抗外侮，岂不是好事吗？说完，就把那个人处死了。

这还没完。燕王赏赐给乐毅老婆王后的服饰，赏赐给乐毅儿子王子服饰，并按照诸侯君王的标准配备车驾，让宰相亲自把乐毅的老婆儿子送到乐毅那里，并封乐毅为齐王。

乐毅看到这阵仗实在吓得不轻，一再辞谢，宣誓以后一定以死效忠燕王。这为乐毅和燕昭王都赢得了很高的国际声誉，也没有人敢来挑拨这对君臣的关系了。

可惜，好景不长。昭王死了，燕惠王即位。跟我们以前讲的许多牛人差不多，乐毅这哥们儿跟这个新君，原来的太子也有矛盾。

这时，田单又动脑筋了，他再次派人用反间计去离间，说法跟前一次一模一样。唯一的不同就是反间实施的对象，由燕昭王变成了燕惠王。

燕惠王本来就不喜欢乐毅，况且自己是新王，乐毅拥兵在外，这种情况是很敏感的。这哥们儿一点儿都没纠结就中了计，立刻派了一个叫骑劫的将军去代替乐毅的位置。

乐毅还真是个讲义气的人，尽管他知道燕惠王这么做是来意不善的，他也没利用手里的兵权造反。当然，他也没有乖乖束手就擒，而是出走去了赵国。燕军的将士对这件事很有看法，从此，铁板一块的燕军就有了裂痕。

乐毅走了，而田单的成名之路就要开始了。

一座孤城在毫无援军的情况下如何破解大军包围？

田单用了三步。

第一步，搞封建迷信。田单要求城中人吃饭的时候，要先把饭放在庭院里祭祀祖先。于是就有很多鸟为了争吃饭食落到城中。其实这本来也是个挺正常的现象，但田单就抓住机会，让人到处散布说，这是我们老祖宗派天神军师下凡来帮助我们的。城里本来非常悲观的氛围立刻就有了好转。同时，田单找了个普通士兵，让他坐在高位上，并奉他为天神军师，每次发命令，都以天神军师的名义（后来的太平天国在初期也常用这种手段）。

第二步，激起城内士兵的仇恨。田单让人去燕军营地散布说，齐人最怕燕军虐待齐国俘虏，割了鼻子，放在军队的前面。于是，燕军就这么做了，城中守兵一看燕军如此不人道地对待降兵，立刻血气上涌，悲愤交集，宁死不投降，唯恐被俘虏。田单继续散布说，最怕燕军挖我们祖坟断我们风水。燕军又照他说的做了。齐国人从城墙上远远望见了，纷纷痛哭流涕，自己家祖坟都被挖了，这是多大的仇恨啊，纷纷要求出战。

第三步，诈降。这是中国军事史上屡试不爽的诡计。田单在充分激发士兵斗志之后，就送了降书给燕军，约定投降时间；并让即墨的富豪送了一千镒黄金给燕军大将。燕军的戒备就这么松懈了下来。

接着，发生了人类战争史上最精彩的镜头之一——火牛阵。

田单在城中搜罗出来一千多头牛，给牛披上新娘子嫁衣似的大红绸衣，还给牛文身，文的是五彩天龙花纹。大家可以想象一下这些牛的涂装，华丽程度绝对不亚于顶级舞狮队。

涂装完毕后，就要安装杀伤性武器了。田单让人在牛的角上绑上尖刀，并在牛尾上绑好涂了油脂的苇草。趁着夜色，田单和他的小伙伴们点燃了这一千多头牛尾巴上的苇草。可怜的牛儿们在尾部大火的燎烧下，疯了似的从预先凿好的城墙洞中冲了出去，直奔燕军大营。而牛的身后跟着五千多个人组成的齐国敢死队。

此刻，燕国士兵正在睡觉呢，忽然发现周围火光冲天，还出现一群头戴大红绸缎、身涂五彩天龙花纹的怪物在营地里横冲直撞，而且一碰上就非死即伤。这可不是西班牙奔牛节啊！燕军对这种阵仗毫无任何抵抗的能力，当即四下逃散，完全组织不起有效的反击。敢死队趁乱杀死燕国大将骑劫，一路追杀逃亡的燕军。

齐军一路上经过的城邑都纷纷起义反叛燕国，重新归顺齐国。田单的军队也日益壮大，把燕军赶回了济水北边，收复了齐国之前失去的所有城池。齐襄王也从莒回到临淄，册封田单为安平君。

在此说个八卦，当时那个曾经和落魄齐王私订终身的女子呢，现在也已经是齐国王后了，还生下了太子。但是她的父亲却认为女儿私订终身有辱门风，毕生都不见她；而王后呢，也并不因为父亲恼怒她而失去了做女儿的礼数。这一对父女，也是非常值得钦佩的啊。

# 尾 声

乐毅算是个宅心仁厚的将领，跟同时代的小伙伴们比起来，绝对是个十分仁慈的将军。举个同时代的例子，秦国将军白起。我统计了一下，白起在《资治通鉴》第三卷中一共杀了四十多万人，第一次出场的时候就在伊阙斩首了韩魏联军一共二十四万人。

而且，这发生在人口还很少的战国时期；而且，这二十四万人都是职业军人，也就是说全部都是男性壮丁。

世界历史上，交战各方合计兵力能达到这个人数的战役，恐怕都能数得出来。然而，白起在中国战国时期的一次战役中就能杀二十四万人。这么一想，还真让人不寒而栗。

而即墨在被乐毅围困长达三年后，还能找出一千多头奔牛来，这说明城内百姓的生活水平几乎没有因为战争而受到太大的影响。

所以，乐毅还算是得了个善终。他到赵国之后，赵王把他封到观津，用来制衡齐国和燕国。燕惠王很不爽，写信给乐毅，名为道歉，实为恶心他，说，乐将军啊，你怎么能因为跟我有矛盾，再加上听了一点儿流言，就从燕国跑到赵国去了呢？你这样怎么能报答我爸对你的知遇之恩呢？

乐毅的回信《报燕惠王书》是一篇非常经典的申明君臣大义的文章。全文很长，可见于《史记·乐毅列传》，在此说下大意。

乐毅在信里面写道，吴国的伍子胥，被吴王阖闾信任，帮助吴国开疆拓土，后来却被继任的吴王夫差所杀害，尸体被装入皮囊抛进江中，死得很惨。这是因为伍子胥能力不足，看不出不同的君王有不同的器量，所以才会有这个结局。

对于我来说，乐毅继续写道，我最希望的是能一身清白地建立功勋，以此报答先王的恩宠；而我最不愿意看到的是，自己遭到诽谤，还使得先王的名声也一同蒙羞。并且，我也不是那种会为了讨好新君而反过来图谋燕国的人。我听说，古代的君子，跟人绝交也不会口出恶言；忠诚的臣子，即使被迫离开祖国，也不去刻意洗雪自己的名声。我，乐毅，虽然不成器，但也从中学到了很多。请大王明鉴。

　　燕惠王看了回信，很惭愧。于是他就封了乐毅的儿子为昌国君。而乐毅在此之后也为了修好燕赵关系奔走于两国之间，最后死在赵国土地上，谥号"望诸君"。

　　乐毅是名将，更是君子。

# 第十四篇

# 胡服骑射

时间：周显王四十三年—周赧王二十年

　　　　（前326—前295）

人物：赵武灵王、肥义、赵惠文王

内容：赵武灵王，变法和死法

战国时期人气最高的君主，除了秦始皇之外，恐怕就是赵武灵王了，直到现在邯郸还立着他老人家的雕像。不过，讽刺的是，在赵武灵王还活着的时候，他从来没有正式称过王，而且非常不喜欢别人叫他"王"。但在死后，赵武灵王却成了他的谥号。不知道他泉下有知的话，会是个什么想法。

## 少年君主

赵武灵王他爸叫赵肃侯，很能打，没事就喜欢跟隔壁邻国打仗，主要对手除了大家熟知的战国六雄，还有北方的少数民族。赵国这个国家跟其他几个国家有个很大不同的地方，就是它地处北方边陲。从战国时期起，北方游牧民族就不停侵扰中原地区，而赵国由于地理位置的关系，常常是游牧民族侵扰的首选对象。

不同于中原地区的军队——那时候还在步兵时代，游牧民族是马背上的民族，所以打仗多用骑兵，攻击力特别强。因此，这给赵国带来了三个后果：第一，赵军的战斗力特别强，要比周围国家高出一筹；第二，从赵肃侯开始，赵国就不停地修长城，以防备北方骑兵的骚扰；第三，赵国和少数民族通婚的情况很普遍，贵族里面也有不少人原本就是少数民族。

回来说赵武灵王。这哥们儿十五岁时，他爸就死了。对于很多做储君的人来说，这可是件求之不得的事情，比如康熙家的老二，做了三十多年太子，最后等不及了，造反，被废。这么看来，赵武灵王算是有福的吧？

其实不然。小赵即位的时候，异常凶险。

当时，因为赵肃侯太勇猛，把战国其他几雄都掐得够呛，所以大家特别怨恨他，这边刚放出讣告来，那边就弹冠相庆了。这还不完，为了给好兄弟赵肃侯一个特别难忘的葬礼，以魏国为首，楚、秦、燕、齐都纷纷派人来吊唁，规模也是空前的，每个国家都派出了万人以上的吊唁队伍。

对，你没想错，这帮人根本不是来吊唁的，而是想趁着赵国国丧的时候，把赵国给瓜分了。

少年，如果新任国君是你，你会怎么办？

幸好，小赵他爸还留给了他一份丰厚的遗产——一个托孤大臣，肥义。

不要觉得这哥们儿名字奇怪，因为他就是少数民族出身。

小赵就跟老肥商量啊，这五国联军来势汹汹啊，咱们咋整？

在老肥的谋划下，赵国做了一系列的防御措施，包括：

第一，全国戒严，边境军队一级战备，不让五国来的军队进入边境，并做好随时战斗的准备。

第二，联合没有凑热闹的韩国和宋国（这俩国家刚好夹在中间），让他们准备好偷袭那五国。

第三，积极联络越国（这时候还没有被灭），让越国出兵偷袭楚国。

第四，联络北方少数民族楼烦，偷袭燕国。

大家可以数一数，为了对付五国联军，赵国动用了韩国、宋国、越国、楼烦的关系，要真是打起来，绝对堪称中原大混战啊。

不过五国也不是傻子，见到赵国这番鱼死网破的阵势，自然也不敢来硬的了。于是，五国联军留在了赵国边境外，然后派了几个使节去赵肃侯灵前抹了几把眼泪。

十五岁的小赵终于成功化解了这场危机，不过，在这样艰险的局势下，他还有很漫长的路要走。


## 胡服骑射

小赵最大的威胁还不是其他几雄，刚才说过，中原地区大都是步兵，战斗力一般，不是什么战斗种族；北方游牧民族呢，虽然单兵战斗力强，不过也是小股势力骚扰居多，且在长城脚下，完全发挥不出实力。

赵国最大的威胁是中山国。中山国不是个正儿八经的华夏诸侯国，祖上是北方少数民族；但到了战国那会儿，已经学会圈地立国了，所以就有了这么个中山国。它结合了少数民族的凶悍和华夏民族的狡诈，单兵战斗力强，而且是正经军队编制。最要命的是，这中山国离赵国首都邯郸特别近，经常在齐国的唆使下，跑到小赵家门口搞个军事示威什么的。最夸张的一次，包围了邯郸，还引水灌城，小赵他爸差点就去见了祖宗。赵家一直记得这个耻辱，小赵也咬牙切齿想要报仇。

复仇得有资本。小赵即位以来，还是跟周边国家干过几次仗的，但是胜率比较低。特别是跟西边的战斗种族秦国干了一仗，一次性死了八万人。在这种情况下，小赵差点就被张仪忽悠要给秦国"提鞋"了。幸好关键时刻秦惠王死了，张仪的连横之计没有成功。但是，小赵还是在琢磨啊，为什么打仗总打不赢呢？

其间，其他五个国家纷纷称王了（其他六雄里面，楚国很早就称王了），但小赵觉得自己实力不够，于是不愿意跟他们一起称王，只是让大臣们都称呼自己为"君"。终其一生，小赵都没有称王。

小赵继续研究打仗技术。其实，赵国的国民乃至贵族里面有很多人本身就是胡人。胡人的单兵作战就是比汉人强，小赵观察了很久，发现胡人的作战习惯和作战方式是非常值得汉人学习的。一来，胡人的服装不像汉服那么烦琐，比较利落，方便四肢运动；二来，胡人骑马射箭，机动性强，攻击范围大，攻击力强，而传统的汉人用步兵作战，跑得慢，攻击范围小，攻击力也弱。所以，汉人打不过胡人。

小赵就暗自下决心要搞改革——跟后来很多少数民族皇帝搞"汉化"不同，小赵这次是恰恰相反，要搞"胡化"。于是，小赵就找来最亲近的几个大臣，包括肥义、楼缓等人，说了自己的想法。这帮大臣中胡人居多，明白这改革的好处，而且没有什么文化认同上的障碍，认实利，所以纷纷表示赞同。

但是小赵又说，那些汉人大臣肯定不乐意，到时候我推行胡服骑射，肯定有很多人反对我、笑话我，会说我开历史倒车，瞎折腾，怎么办？肥义站出来说，不要管那些没有远见的人的意见，成大事必须力排众议，如果确信这么搞有好处，又何必担心别人非议呢？

小赵听了，点点头说，笑话就笑话吧，但是中山国和北方的地盘我是吃定了。于是，第二天一早，小赵就开始带头穿胡服上班了。

果然，赵国大部分人都不乐意换装，特别是汉族王公，政治阻力很大。反对派的带头大哥就是小赵的叔叔公子成。这哥们儿资历高，是小赵的长辈，年纪大，思想也顽固。一听说侄子要搞什么胡服骑射，要把赵国往原始社会的方向带，就不高兴了，一生气就不来上朝了。咋办呢？小赵觉得棘手，就派了人带话给公子成，说，叔啊，家里确实你辈分高，但国家大事，我是国君，你是臣子，还是得听我的。既然我今天下令要全国改变服装，而唯独叔叔你不听令，百姓们就会认为我徇私情。所以，为了能让侄子我这次改革有成效，请叔叔帮我一把，带头穿胡服吧。

公子成老顽固一个，当然没那么容易被说动，他就让来人带话回去：我们中国是在圣贤教化之下，用礼乐仪制吸引周边的人慕名前来的，四夷一直都在学习我们的先进生活习惯和作风。但主公你今天却要反其道而行之，要我们学习落后地区的民族风俗，这不是开历史倒车吗？希望主公慎重考虑我的话，不要没事儿乱折腾。公子成的话体现出浓浓的大国沙文主义的观念。

小赵听了，略微一沉思，骑着马儿就跑到了公子成的府上。叔啊，我知道我们中国是有着优秀文化传统的，但传统不能当饭吃啊。你看看我们现在这么恶劣的国际形势，那么多熊和虎们都在虎视眈眈。再回忆一下，您年轻时候，中山国仗着有齐国做后盾，包围我们首都，决水灌城，我们全家都差点投胎做了鸭子啊！这件事，我爹一直深以为耻啊，难道您忘了吗？叔啊，不为了俺也为了俺们全家族啊！

他叔听了，想起那年自己青春年少，却因为在水里泡了太长时间，导致双腿关节落下了风湿的毛病，心里立时不是个滋味儿；再想想自己侄子即位那年，差点被几个国家联手干掉，又是一阵酸楚。于是，点点头，就答应了。小赵拿出随身带着的胡服，当场就赐给了他。第二天，公子成就穿戴着这套衣服入朝。反对派自此瓦解。

小赵立刻正式颁布了胡服骑射的法令，在赵国全国推行。次年，又让人积极吸纳少数民族士兵进入赵国军队。少数民族也不傻，知道赵国国力强，给的待遇比之前游牧时候要强多了，便纷纷来归顺。赵国的军事实力很快就提升了好几倍。


## 退位和访秦

看着改革带给赵国的成效日益显著，小赵感到由衷地高兴啊。他率领着骑兵部队，跟中山国好好干了几架，每次都有不小的收获，灭掉中山国指日可待啊。外交方面，他一边趁着秦武王死后插手秦国立嗣问题，一边又派出手下能人去外国当大臣——楼缓就被派到了秦国，后来在小赵的运作下，还被封为秦国国相。这使得小赵虽然身在赵国，但却能遥控外国内政，俨然一副幕后老大的架势。

不过，他也有点儿烦心事，那就是储君问题。

他第一次结婚在他二十岁的时候，娶了一个韩国女子为夫人，生下一个儿子，取名赵章，立为太子。后来，在三十岁出头的时候，小赵又娶了一个叫吴孟姚（小名吴娃）的美女，立为惠后。小赵很喜欢吴娃，吴娃也给他生了个儿子，叫赵何。

太子立得过早，后来感情慢慢淡了；小赵由于非常溺爱吴娃，就答应了吴娃改立赵何做太子。

但是赵何年纪小，而赵章年纪大，并且也立了很多战功，跟大臣们的关系也比较好，在朝内挺有人气。小赵怕他死后会发生兄弟相残的事情，于是他日思夜想，就想了个办法，那就是在他还活着的时候就传位给赵何，趁自己还活着能罩着这小子。

于是，小赵就传位了。赵何成了赵惠文王，而小赵自己呢，成了太上王，自称"主父"。在主父小赵的安排下，那班老臣子们，很自然地就聚集到了新君的身边。一个紧密团结在赵何周围的赵国新管理班子就这么平稳地完成了过渡。

不过小赵还是闲不住，毕竟那时候他正值壮年，才四十岁出头。他不停地想法子折腾。他琢磨让儿子看家，自己带领军队去打胡人地盘，再从胡人地盘向南袭击秦国，攻占咸阳。这个计划是相当大胆啊！对此，小赵自己也很清楚，由于他对秦国的情况也不甚了解。所以，他决定，自己扮作普通使者，去当面了解一下秦王和宣太后到底是什么人。

主父小赵把这个计划告诉了当时准备入秦的楼缓。这可把楼缓吓了一大跳。因为秦国在这件事上名声特别差，秦昭襄王曾经扣留过楚怀王，并最终导致楚怀王客死异乡。楼缓唯恐自己老板也落得个跟楚怀王一样的下场，就极力劝阻。但小赵是个爱折腾的人，楼缓怎么拗得过他。就这样，小赵跟着使团就入了秦。

由于在立嗣这件事上做了很大贡献，楼缓跟秦王母子关系不一般。伪装成使者的主父也得以近距离观察这对母子，与之对话。而秦昭襄王和宣太后也不是吃素的，见过不少使者，但从来没见过小赵这样的，长得帅，谈吐非凡，气宇轩昂。于是，会谈一结束就派人请楼缓带着这个使者晚上再聚。但到了晚上，只见楼缓，却不见随从。宣太后知道事出蹊跷，就立刻派精骑去追。骑兵快马加鞭到了关口，却发现小赵他们早已经离开了。这一回合下来让宣太后和秦昭襄王对小赵极其忌惮。

当然，通过这次会面，小赵也知道秦王母子皆为人中龙凤，攻秦之计还需要从长计议。

不过，觊觎了很久的中山国当然是逃不出小赵手掌心的。赵惠文王即位的第三年，赵国军队踏平中山国，把中山国从战国的版图上彻底抹去了。


## 沙丘宫变

其实，小赵心里还是很喜爱大儿子赵章的。赵章十五岁的时候就跟着自己去打仗，立了不少战功。他传位之后没几年，就把赵章封到了代这个地方，封号安阳君，还让田不礼（这个名字就很有谋反的潜质）去担任他的相国。

赵章对改立太子这件事非常不爽，对自己弟弟这个新君极其不服气。而田不礼呢，也是个没有原则、诡计多端的人。这样的俩人落到了一起，会有什么样的结果呢？

赵国大臣里面当然也有明白人。一个叫李兑的大臣找到老肥，说，赵章和田不礼两人勾结在一起，迟早会图谋不轨的。眼看内乱就在眼前了，肥公你在这个位置上，很可能无法避祸，不如早一点儿称病不出，以免被牵连。

老肥，配得上他单名一个"义"字，回答说，当年主父把赵王托付给我，让我坚守一心，至死效忠，我在他面前再三发誓允诺。现在如果我因为怕田不礼搞事而食言，那岂不是一种背叛行为吗？我知道你是为了我着想，但我绝不能为了自己的性命而背弃诺言。

李兑当场就感动得落了泪，说了些肝胆相照的话，离开了肥府。

李兑紧接着就找公子成，商量防备赵章和田不礼造反的事情。而老肥也没闲着，对一个叫信期的大臣说，赵章和田不礼都是口蜜腹剑的人，在内讨主父的欢心（主父经常住在赵章的地盘），在外却肆意施暴。如果他们哪天用主父的名义来发动政变，那是很容易得手的，我们不能不防啊。

信期一个劲儿地点头。但怎么防呢？

老肥说，以后，如果有人奉主父的名义来召见赵王，就必须先见我的面，我先去，如果没有变故，再让赵王去。

老肥决心自己做赵王的人肉盾牌。面对如此忠诚的老臣，信期也只能含泪答应了他的安排。

另一边，主父自己正纠结着呢。他趁赵王上朝的时候在一旁观察，看见做哥哥的赵章反而需要向弟弟俯首称臣，一副无精打采的样子，心里很不是滋味儿。他暗自琢磨着把赵国一分为二，赵惠文王继续做赵王，而把赵章的代地独立出来，让赵章做代王。他日思夜想地琢磨这件事的可行性和具体安排。

不过，还没等他把这个计划付诸实施，政变就开始了。

主父和赵惠文王一起出游沙丘，分别住在两个行宫里。赵章和田不礼觉得机会来了，就安排人作乱，如肥义所预料的那样，赵章以主父的名义去召见赵惠文王。肥义按跟信期所约定的那样，自己以身作试探，叛军将其当场杀死。信期看到肥义没有回来，就知道赵章造反了，于是立刻通知赵惠文王身边的人开始防御，并通知还在邯郸的李兑和公子成。而李兑和公子成听说了以后，立刻调集军队前往现场镇压叛乱。

赵章没料到自己的计谋被人挫败，就想保住一条命，以便来日东山再起。他逃到了主父的宫里。毕竟是血浓于水，主父把赵章迎了进来。李兑和公子成带兵包围了主父的行宫，并冲到里头把赵章和他的党羽斩杀干净。完事之后，李兑和公子成琢磨，我俩毕竟是包围了主父的行宫，今天如果就这么算了，等之后主父秋后算账，我们都是要夷族的节奏啊。但明目张胆地弑主，他们也是不敢的。于是，他俩一讨论，觉得一不做、二不休，继续包围行宫。同时，威胁所有宫人离开行宫，唯独留下主父一个人在里头。最关键的是，行宫里头没什么食物，主父再怎么胡服骑射，也只能靠抓些麻雀果腹。

李兑和公子成还真是狠心，这一围就是三个月，为的就是确保开门的时候主父不再是活人。这时候主父早已经饿死了，并且尸体已经惨到不忍直视的地步。可怜主父小赵一世英雄，纵横沙场，却落得个活活饿死的下场。

小赵搞胡服骑射，是因为他能折腾；最后被政变饿死，也是因为太能折腾。可谓是"No zuo no die"的典范啊。

在赵武灵王的故事里，我最喜欢的是肥义。肥义者，大义也。

# 第十五篇

# 战斗种族的崛起之路

时间：周赧王四年—周赧王四十二年

（前311—前273）

人物：秦武王、秦昭襄王、宣太后、楚怀王

内容：秦国的大国崛起之路

战国时期，所有国家都非常重视军事，处于全民皆兵的状态，没事儿就干仗。但如果一定要评选一个当时最能打的战斗种族，毫无疑问，非秦国莫属。

秦王室的祖先，是少昊的后代。在舜帝的时代，秦家族的先祖大费曾经辅助大禹治水。后来大费又替舜驯养过野兽，俗称驯兽师。大费是个非常称职的驯兽师，这些野兽也都特别听大费的话。出于对其驯兽能力的赞赏，舜帝就赐他"嬴"姓。

在周朝初期的时候，秦家族还不是诸侯，虽然周王室把西部作为他们的封邑，让他们为周王室守卫西部边陲，跟野蛮人打仗。一直到周平王（东西周分野）的时候，由于秦襄公护驾有功，才真正获得了诸侯地位。

所以，战斗种族绝对是有遗传基因的，他们可是百兽之王的后裔啊。

我们之前讲过秦国的商鞅变法，之后又讲了张仪的故事，这次我们就从张仪走后接着讲。

## 秦武王

前面讲张仪的时候，讲到由于秦惠王在节骨眼儿上逝世，秦武王即位，导致张仪的连横之策失败。而张仪也出走魏国，并且在一年多以后死在了魏国。

秦武王不喜欢张仪这样的说客，那他喜欢什么呢？

秦武王如其谥号，喜欢霸权主义，推崇武力，最喜欢大力士！

他即位以来，主要干了这么几件事。

第一件事，杀蜀相陈庄。

大家可能听说过，蜀国是西南地区一个非常古老的国家。但是由于地理位置的关系，蜀国的外交基本跟山东六国都扯不上边，唯一有密切关系的就是秦国了。秦惠王的时候，巴、蜀两个国家打架，都会来找秦国搬援军。秦惠王不傻，就趁着这个机会出兵巴蜀，只花了十个月，就把蜀国纳入了自己的版图之中。这一举动也使得秦国的后方力量更加强大。

之后，秦惠王就派了陈庄去做蜀相。名为蜀相，其实就是派去殖民地做总督，控制蜀国。

但秦武王似乎对他爸信任的这班老臣都不放心，逼走张仪之后，又让自己最得力的大臣甘茂杀了陈庄。可能是怕陈庄一个人在蜀国，天高老板远的，到时候说反就反了。可不管怎么说，秦武王一上来就杀了这么个有资历的重臣，可见手段之狠。

第二件事，当然是出去打仗了。

最重要的一场战役是派甘茂出去伐韩。战役本身很枯燥，战斗种族围攻，胜利，杀了几万人，凯旋。有趣的是打仗之前秦武王和甘茂之间的对话。

秦武王曾派甘茂去魏国，劝说魏国一起攻打韩国。甘茂完成使命后，就派他的副手回国给秦武王回话，说，使命已经完成了，但是个人建议大王不要进攻韩国。秦武王被弄得一头雾水，于是就跑到息壤这个地方迎接甘茂。名为迎接，实际上是想尽快摸清甘茂的意图。

甘茂并非真不想打，而是想跟秦武王谈点儿条件。

他一见到秦武王，就开始解释原因。他说，这次要打的地方，离秦国很远，这样作战是很危险的。接下来，甘茂给秦武王讲了这么个故事。

鲁国有个与曾子（孔子四大弟子之一，当时以品德闻名于天下）同名的人杀了人，有人跑去告诉曾子母亲，说你儿子杀了人，他母亲仍然继续织布，泰然自若；过一会儿，又有个人跑去跟她说同样的话，曾母就有点按捺不住了；再过了会儿，第三个报信的人来了，曾母立刻扔下了机杼，爬墙走了。

甘茂说，我的贤良肯定不如曾子，而大王您对我的信任估计也比不了曾母对她儿子那样，更何况猜疑我的何止三个人，因此，我担心大王未来也有"扔下机杼"的举动。我甘茂，是个寄居在秦国的外国人，我带兵在千里之外打仗，国内肯定有人要说我闲话，到时候大王很可能会听信他们，让我罢兵回国，功败垂成。如果预料到会是这么个结果，我们不如不去打这仗。

秦武王很年轻，也很实诚，当场拍了板，说，到时候我绝对不会听闲话的。于是，二人在息壤起誓。之后，甘茂带兵出发。

这仗打了五个月还没结束。国内果然如甘茂所说，流言蜚语一箩筐。秦武王毕竟年轻，耐不住天天被人咬耳朵，就想把甘茂召回来，说要罢兵。甘茂就说了句，大王还记得当时在息壤的誓言吗？秦武王还是个很遵守诺言的人，他想起了当时的对话，坚定了对甘茂的信心，不仅不罢兵，还继续增兵给甘茂，最终打赢了这一仗。

秦武王的所作所为很配他的谥号"武"字，而他的死法同样是跟"武"有关的。

秦武王平时没什么爱好，就喜欢打打拳，跟人比力气大，还特别喜欢天生有神力的人。因此，当时秦国几个大力士任鄙、乌获、孟说都先后做了大官。

这一天，秦武王闲来无事，又跟孟说比力气。这次的比法比较特别，是举大铜鼎。大铜鼎啊，那可不是开玩笑的，少说大几百斤，说不定都上千斤，让专业举重运动员上恐怕都悬乎。秦武王冲上去，试了试，一下没举起来。秦武王想，不能在底下人面前丢脸啊，于是就拿出吃奶的力气，噌的一下把那玩意儿举过头顶。

鼎是举起来了，但这么重的东西，根本就维持不了几秒钟。估计是举起来的时候把身上力气都花完了，秦武王无法维持鼎和自己身体的平衡性，在举过头顶的一刹那，自己的膝盖因为吃不消那么大的负荷，咔嚓一下就断了。秦武王也因为用力过猛，血管破裂，死了。

这种死法在中国历史上绝对是独一份，后人还专门为此创造了一个成语，叫"举鼎绝膑"。


## 宣太后和秦昭襄王

武王在位就四年时间。上位的时候很年轻，死的时候仍然很年轻。这就导致了一个后果，无子。

于是，后宫就开始干架了。主要是两派，一派是正牌太后——秦武王的生母惠文后，要立自己的另一个儿子公子壮（这名儿起的，估计跟他哥一样壮）；另一派是秦武王的庶母——后来的宣太后，要立另一个叫芾的公子。这两派打得不可开交。

当时喜欢折腾的北方强国领袖赵武灵王，当然不会错过这么好的折腾机会。他想起秦武王另外还有个弟弟在燕国做人质，名叫嬴稷，于是马上联络了燕昭王。两人一合计，觉得新王上任以后，这个嬴稷就完全没价值了，不如干脆马上送回去当秦王，这样燕赵两国对新秦王就有恩，日后便可以操纵。这买卖看上去太划算了，于是他俩立刻就联系了嬴稷的生母——宣太后。宣太后一听自己大儿子要回来了，高兴得连之前支持的公子芾也不管了，跟燕赵内外联合，把这事儿给办成了。

于是，嬴稷就成了秦昭襄王。不过他当时太小，所以宣太后把持了秦国朝政。这对母子可不是盖的，还记得我们上一篇讲赵武灵王自己扮成使节样子跑去秦国刺探敌情，见了这对母子一面，就放弃了之前攻秦的想法。不仅如此，赵武灵王还对楼缓说，这对母子绝对堪称人中龙凤。

新王上位以后，所谓一朝天子一朝臣，在武王时代屡立大功的秦相甘茂，由于自己一直在国外出使、打仗，国内总是有人传他流言蜚语，跟新王的关系毕竟不如之前跟武王那么铁，甘茂心生畏惧，就在攻打魏国的过程中，偷偷溜走，逃去了齐国。

另一方面，宣太后想着自己儿子刚登基，位子还不稳固，便想着要清除竞争对手，干掉昭襄王那些对王位虎视眈眈的兄弟们。既然要搞政治斗争，那就得有自己人才行。宣太后是个聪明女子，明白血浓于水的道理，她重用了自己同母异父的弟弟——魏冉。

魏冉很有能力，从惠王、武王时代就一直担任秦国要职，平步青云。他果然不负他姐姐的厚望，以造反作乱为名，灭掉了跟自己外甥不和的公子、大臣，顺带干掉了秦武王的生母惠文后，使得宣太后成了秦国独一无二的太后。而武王的夫人也被迫离开秦国，流落到了魏国。自此之后，秦国局势就被牢牢把控在了宣太后母子和魏冉手里。

于是，战斗种族继续不停地打仗。夺取了魏国几个地方，又夺取了韩国的武遂。

因为宣太后是楚国人，所以在国际关系上自然跟楚国比较亲近。这时候的楚国异常强大，秦国内部还在争夺王位的时候，楚国已经灭掉了东南强国越国，一举成为当时国土面积最大的国家。在听说秦楚要联合的消息后，其他几个诸侯国都坐不住了，于是，齐国、韩国、魏国联合攻伐楚国。

楚国虽然国土大吧，但对打仗这事儿似乎是个软骨头。一看到三国联合来打自己了，就怂了，赶紧向战斗种族秦国求援，为表诚意，还把自己的太子送过去当人质。战斗种族说不怕打仗，就怕不打仗。宣太后一边笑纳了这份大礼，一边就派了支秦军去帮楚国。三国联军一听说秦军来了，都没怎么打，就赶紧撤退了。

后来的发展就比较意外了。

楚国太子心里很不爽，自己堂堂大国太子，却被送到别国做人质，天天借酒消愁。这天，估计是喝醉了，上街跟一个秦国大夫为了点儿私事发生了口角，后来就打了起来。楚太子仗着自己身份尊贵，就把对方给杀了。酒醒以后，一看自己犯了那么大的错，赶紧偷偷溜回楚国了。

宣太后一看楚太子搞了这么一档子事儿，不但不生气，反而嘿嘿一笑，高兴了——出兵楚国的借口来了。

于是，秦国纠集韩国、魏国、齐国三国的军队，一起攻打楚国，大败楚军。次年，继续大败楚军，杀了楚军大将景缺，斩首三万余众。

楚怀王一看没办法，要兵没兵，要将没将，还剩什么？还剩太子。得，儿子，你再委屈一下，去齐国当人质吧，好歹让齐国先退出联军。于是，这楚太子从秦国死里逃生之后，又去了齐国做人质。

太子窝囊到这份儿上的，在中国历史上也是凤毛麟角了。

不过楚怀王的如意算盘根本没啥用。战斗种族根本不需要其他人帮忙，秦军自己就能灭掉楚国。

于是，战斗种族继续不停地打仗，夺取了楚国八座城。

宣太后一看，这一仗收获不小，但是这么打下去，要灭掉楚国六千里的国土，还是有点儿漫长的。所谓擒贼先擒王，不如先拿下楚怀王，直接吞并楚国，这样就快多了。

于是，以秦王的名义写了封信给楚王，先是数落了一番楚太子，然后说，愿意跟楚国重新开始，邀请楚怀王去秦国武关一聚，签订盟约。

　　楚怀王看了信，左右为难。去吧，怕是个圈套；不去吧，又怕秦国更加恼怒，派更多军队来打楚国。后来，在他一个儿子的怂恿下，楚怀王去了。这儿子当时是什么心态，是真傻还是故意的，无从考证了，但这一番怂恿，导致了楚怀王最后的悲剧。

　　楚怀王屁颠屁颠跑去了武关，秦昭襄王却没去。宣太后安排了一个将军，假扮成秦王的样子，并如众人所料在武关埋伏了重兵，等楚怀王一到，就直接把他劫持到了咸阳。这一到了咸阳，秦国的政治野心就暴露无遗了，他们要求被掳为人质的楚怀王朝拜秦国章台宫，行使属国大臣的礼节，还提出了割地要求，要楚怀王割让西南方的巫郡和黔中郡。

　　楚怀王当然不同意了，我堂堂一大国大王，而且之前灭了越国，凭什么给你一个驯兽师后代做属臣？我不干！快让你们秦王出来，按照约定签订两国的盟誓。秦王当然不肯了，很强硬地要让楚怀王先割地。楚怀王虽然打仗怂了点，但气节还是有的，就死扛着，不答应秦国的要求。秦国就把楚怀王留在了咸阳。

　　这下楚国大臣慌张了。大王在秦国做人质，太子在齐国做人质，这是要亡国的节奏啊。于是，就商量着再从剩下的公子中找一个，新立为王。但是有人反对，说，这样做太没有臣子气节了。他的建议是，假称楚王去世，去齐国迎立太子。大家觉得这个方案值得一试，就速速派了楚使去齐国。

　　齐王见了楚使，召集群臣讨论。有大臣觉得这是个要挟楚国的好机会，说扣下太子来换取楚国淮河以北的土地。而齐相反对这个方案。原因是，如果楚国到时候另立国君（这简直是必然的），我们一拿不到土地，二要落个坏名声，岂不是赔了夫人又折兵？那人继续坚持，说，没关系，如果这样，我们就继续要挟新楚王，如果不给我们割地，我们就联合其他国家共立太子为楚王，让楚国内斗去。但这意见没有通过，最后，苦命的楚太子终于被送回了楚国，成了新楚王——楚顷襄王。

楚国有了新王以后，朝野安定了。于是就去向秦国嘚瑟，说，上天保佑我们啊，我们现在有新大王了。秦王和宣太后很生气，后果很严重。

于是，战斗种族继续不停地打仗。斩首五万楚军，夺取了楚国十六座城。

楚怀王这时候非常可怜啊，自己的王位被儿子拿走了，都没任何人来跟他商量下，这也太不尊重老年人了吧。但当时也管不了那么多了，还是得先活命要紧。

一个月黑风高的晚上，楚怀王悄悄地逃脱了看守，踏上了回国之路。

可惜，回去的路太漫长，秦国人发现他逃走了，就在秦楚边界上加强了看守，一只蚊子都飞不过去。楚怀王不甘心啊，就想绕道别国回楚国，可这个时候呢，韩国、魏国基本上已经沦为秦国的傀儡，去这俩国家无异于找死，能跟秦国干一架的也就只有主父所在的赵国了。

怀王跑到了赵国，当时主父刚好不在国都，赵国其他人不敢接纳他；楚怀王又想硬着头皮跑去魏国，结果却被秦国派来的追兵追上了，又给捉拿回了咸阳。

次年，遭受百般凌辱和折磨的楚怀王病死在了秦国。秦国把他的灵柩送回了楚国，楚国人见了都非常悲痛，就像自己死了亲人一样。这件事的国际影响也很差。于是，山东五国联合出兵攻打秦国，而且攻势很猛。秦国知道自己理亏，也不想在五国联军的锋芒上硬拼，就把之前夺取的韩国和魏国的领土还了一些回去，跟联军议和了。

没多久，赵武灵王死了，赵国就没之前那么可怕了。秦昭襄王立刻罢免了赵国派来的楼缓，让自己的舅舅穰侯魏冉担任新秦相。

于是，战斗种族继续不停地打仗。魏冉推荐了白起，白起击败了韩魏联军，斩首二十四万，俘虏对方大将，夺取了五座城池。

对楚国呢，秦王知道楚国向来比较软，就继续在外交上施压。他写了封信给新楚王，说哥们儿你们总是背叛我们秦国，等着吧，我马上就带着其他国家的军队一起来打你们。楚王马上就怂了，只好跟秦国和亲，迎娶了秦国新娘。

写到这里，光哥实在看不下去了，发了一通评论，大意是：秦国太禽兽了，杀人家爹还逼迫他儿子；楚国太不争气了，忍下杀父之仇还要跟敌人通婚。楚国这么大个国家，如果好好管一下的话，怎么能落到这么个地步呢？

评论归评论，战斗种族还要继续打仗。

战斗种族不停地打。打韩国，攻克宛城。魏、韩两国争相割地来讨好秦国。白起继续打魏国，夺取六十一座城。

打到这时候，秦王觉得自己很牛了，想要把军事上的优势转化成政治上的名声。秦王这小伙儿就干了件匪夷所思的事情，自称"西帝"，同时还邀请齐国（齐国是秦国的外交战略上最主要的拉拢对象，合称"齐秦"）称"东帝"，并且相约伐赵。

齐湣王一直挺想做天子的，正在琢磨这事儿靠不靠谱。刚好这时候苏代从燕国来出使，齐王就咨询了他的意见，也是想看看国际上对这件事的反应。

苏代就说了，大王您可以接受，但是先别称帝。先看秦王称帝之后的国际反应，如果大家都没什么反应，大王您再称帝也不晚；如果大家纷纷致以强烈的谴责，那大王您就别称帝，并且趁这个机会收买人心，多好。而且伐赵这件事也不靠谱，您不如先伐宋国，因为宋国名声太差了。这才是对齐国最有利的策略。

齐王听了，觉得很有道理，就称了两天帝，草草了事。西帝呢，也没称多久，前后俩月。

折腾完这事儿，战斗种族又继续不停地打仗。先攻打赵国，夺取了杜阳、新垣、曲阳。接着打魏和韩。然后打齐国，取九城。接着又打楚国，夺取鄢、邓、西陵等地。

到这个时候，秦国的势力已经非常强大了。战国六雄之中，除了燕国因为地处偏远之外，其他几国都在秦国身上吃了不少亏。不过赵国稍微好一点儿，这是因为赵国在胡服骑射之后，军力相对强大，秦军没那么容易占到大便宜，所以几次出兵也都是点到即止；另一个原因是人才济济，那时赵国除了拥有"战国F4"之一的平原君之外，还拥有堪称"赵国凤凰传奇"的廉颇、蔺相如。

当然了，秦王自然也明白这个道理，总是想方设法要找赵国的麻烦。军事上搞不定，就搞外交呗。这就引发了发生在秦赵之间很有名的两件事：完璧归赵和渑池会。

这两件事我们在此先不讲，到后面讲"赵国凤凰传奇"的时候再细说。

战斗种族仍继续不停地打仗。赵国陆续失陷了不少城池；楚国也不停失地，甚至丢掉了首都郢都。接着，白起又继续攻伐西南，取了黔中地。然后，穰侯魏冉又打了魏国，前后两次，斩首八万，夺取了十几座城池。

秦国那么强势，山东几国自己却还不消停，没事还要内斗。赵国和魏国联手攻打韩国。韩国没法子了，找人去秦国搬救兵。战斗种族毫不犹豫地出兵了，干掉了魏军，斩首十三万，俘虏三员大将；随后又在黄河里淹死了赵兵两万人。

魏王一看十三万人马这么一会儿工夫就烟消云散了，急忙招大臣商量办法。大臣就说，老办法，割地吧。魏王想想也没别的办法，就准备答应了。

就在这个时候，神出鬼没的苏代又出现了。他跑到魏王面前，讲了一番道理。

苏代说，大王啊，您现在拿魏国的土地去讨好秦国，就是抱薪救火的行为啊。薪不尽，火是不会灭的。

这个道理我都懂，但这个时候也没有别的办法了。

苏代又劝魏王采用灵活一点儿的办法对付秦国，但魏王估计已经没什么信心跟秦国斗智斗勇了，最后还是割地求和了。

到此为止，韩魏两国已经彻底屈服于秦国了。战斗种族怎么能没仗可打呢？很自然地，秦王的眼睛又盯到了楚国身上。于是，就准备联合韩国和魏国军队一起攻伐楚国。

不过这仗却没能打起来，为什么呢？这是由于"战国F4"的另一位——楚国春申君黄歇出场了。至于他是怎么劝退秦军的，到后面的章节我们再细讲。

# 第十六篇

# 平原君和赵奢父子

- - - - - - - - - - - - - - - - - - - - - - - - - - -

时间：周赧王十七年—周赧王五十八年

（前298—前257）

人物：平原君、赵奢、赵括、毛遂

内容："战国F4"之平原君，虎父犬子的典型案例

战国六雄里头，我个人比较喜欢赵国，因为赵国多义士，是个特别有血性的国家。赵武灵王之后，赵国虽然国力有所损伤，但仍然出了许多杰出人才。这其中包括"战国F4"之一的赵国公子平原君，用兵如神的赵奢、李牧，以及堪称"赵国凤凰传奇"的廉颇、蔺相如。

## 税吏将军

平原君赵胜，是赵武灵王的儿子，是赵惠文王的弟弟，他被封在平原这个地方，所以被称为平原君。

"战国F4"有个共同点，都喜欢养门客，都有擢拔人才的

名声。孟尝君有食客三千，平原君也有食客三千；孟尝君门下有"鸡鸣狗盗"，平原君也提拔了不少人才；孟尝君能够纳谏，平原君亦是如此。

在平原君提拔的人中，有一人名叫赵奢。赵奢是战国末期很有名的将领，为数不多的打赢过秦国大军的将军。

不过，平原君发现他的时候，他干的事儿跟打仗一点儿关系也没有。

那他当时在干什么呢？

赵奢是个税吏。

而且，赵奢运气不大好，他负责收平原君的税。

大家知道，孟尝君为了养食客，经常入不敷出，所以一度家境很艰难；平原君的情况也是差不多。所以平原君家人觉悟就不太高了，他们想，我们家老爷给国家养人才，还要交税，这不是欺负我们吗？

于是，平原君家人就抗税。

在当今中国，抗税如果情节严重，是要坐牢的。

但赵奢比这还狠，他直接跑到平原君家杀了九个人。

不就收个税吗，犯得着杀九条人命吗？况且打狗还得看主人，平原君那么尊贵的身份，赵奢一个小税吏跟他过不去，难道是活得不耐烦了吗？

赵国人是边民，平原君估计脾气也不好，就让人把赵奢绑了来，准备杀了他。

这时候，赵奢说话了，说，公子，请先让我讲几句。

平原君说，狗嘴里吐不出象牙，说吧，说什么都是死。

赵奢就开始说了。他说，公子啊，你现在那么富贵，所以敢纵容家人不法。但你有没有想过，你纵容家人不法，就会损害国家法纪的权威，从而导致国家的衰弱。这年头，一旦国家衰弱了，其他几国就会来打我们。到时候我们就国破家亡了，公子你的富贵也就烟消云散了。所以，公子你现在最要紧的就是要做遵纪守法的楷模，让全国上下一心，走上富强之路啊。这样，你作为强国的王族，自然就更加富贵、更受人尊重啦！

赵奢这段话可真是高屋建瓴啊。把抗税问题的社会危害剖析得淋漓尽致，而且最后还做了顶高帽子，摆在平原君面前，看他愿不愿意戴。

平原君还算是比较贤明，而且比较大度。他强吞下死了九个家人的苦果，不但放了赵奢，还把他推荐给赵王。赵王一听说这个税吏居然能治得了平原君，立刻委以重任，把他从税吏直接提拔成了税务总局局长，负责全国赋税。赵奢果然不负厚望，当年就让赵国国库赚得盆满钵满。

第二年，秦国来打赵国，包围了一个叫阏与的地方。赵王很着急啊，就找来几位将军，问他们，这个地方还有没有救了。以廉颇为首的赵国老牌军事将领说，这个地方距离远，路不好走，很难救。意思是不要浪费军队做这种无用功。赵王不甘心啊，一眼瞥见赵奢。赵王想，赵奢这小伙子收税收得好，说不定也能打仗，就问赵奢的看法。

赵奢回答赵王说，这个地方距离远，路不好走，所以两军相会的时候，就好像两只老鼠在洞穴里缠斗，勇猛的一方会获胜。赵王一听，觉得挺有道理的，心想不如就让这哥们儿试试，于是就让赵奢带了一支军队去救援。

赵奢以前根本没有军事经验，这是他第一次带兵出征。不过他会用脑子，首先就摆下迷魂阵。大军刚出邯郸，才走了三十里路，赵奢就命令停了下来。另外，他还下了道军令，规定队伍里面不准谈论军事，违抗者斩。他下这道军令的目的是，他明白，带兵打仗，绝对服从和执行力很重要，而他也明白自己没什么经验，很容易被属下说三道四，先立下军法，一来是维护自己的权威，二来也是让赵军保持很强的执行力。

秦军的部队当时驻扎在武安的西边，没事就喊个口号踢个正步什么的，声响弄得很大，把武安城里屋顶上的瓦片都震落了。赵军士兵都是很有血性的，一看秦军这种阵势，就觉得赵奢停滞不前是给赵国丢脸了。于是，一哥们儿跑到赵奢面前说，我们出来打仗，不能示弱啊，将军赶紧带我们冲上去跟秦军干架啊，我们不怕抛头颅，洒热血啊。

赵奢看了他一眼，说了句，斩。

这哥们儿还没看到秦军就抛头颅，洒热血了。

斩完以后，赵奢继续按兵不动；不仅没有进军的意思，还不停地增修防御工事，一副要死守邯郸的架势。

秦军老奸巨猾，对赵奢这种战术不明，所以特地派了间谍过来。赵奢以前是当税吏的，估计看人很有一套，这间谍刚到赵军营地，就被他看出来了。但他不仅没有把这个间谍抓起来，还好吃好喝伺候着，一直到间谍跑回秦军。秦军大将一听间谍带来的情报，哈哈一笑，说，赵军真是软骨头，阏与肯定可以拿下了。

刚放走间谍的那天，赵奢就下令部队立刻拔营，悄悄前进，急行军一天一夜，赶到离阏与五十里地的地方。

秦兵当然也不是盖的，没有被赵奢这点儿级别的迷魂阵蒙蔽了头脑儿，也知道赵军急行军一天一夜，很辛苦，就赶紧集结重兵来打赵军。

赵奢这下有点儿傻眼儿了，迷魂阵和急行军没派上什么用场，自己当时在赵王面前夸下海口，可事到如今这个地步，怎么办才好呢？赵奢就在中军大帐里不停地踱步。同时，也由于之前他立下的军令，手下也没人敢随便给他提意见。

这时候，跑出来一个不怕死的人——许历。许历跑来跟赵奢说，将军，现在我们不得不迎战，但秦军气势很盛，我们想要立于不败之地，必须要多增加几道防线，稳固自己中军才行啊。赵奢一听，觉得这建议很靠谱，比他专业，马上就安排人去排兵布阵了。许历随后说，我犯了军法，请将军杀了我吧。赵奢一愣，过了一会儿才恍然大悟，想起来自己还下过一个军令。于是说，那是在邯郸时的军令，已过期了。

许历一看，这哥们儿虽然是个税吏，但还挺能审时度势的。于是，就继续提建议，说，北山是战略要冲，先占领北山的那方必胜。赵奢一听，哟，这小子确实靠谱，就立刻派人去占领北山，赶在秦军之前拿了下来。

接着，就是比拼勇猛的时候了。由于赵军采取了正确的军事策略，战场上占了不少先机；同时，赵国人民一直被秦国凌辱欺压，早就想报仇了，怎么会放过这么好的机会？结果是，秦军极为罕见地大败而归。

回去以后，赵王就大肆封赏赵奢，封他为马服君，地位跟"凤凰传奇"一样高。赵奢也没有忘记许历，力陈许历的功绩，赵王也不吝啬封赏，提拔许历做了国尉。

客观地讲，赵奢打赢这仗是有一定的运气成分的，相比于带兵打仗，他还是更适合收税。幸好，他也充分认识到这一点，所以打完这仗以后，见好就收，保持自己的良好战绩。


## 纸上谈兵

赵奢打仗不多，为什么在历史上名气那么大呢？因为他有个很有名的儿子——赵括。

有句俗话，"虎父无犬子"。但事实上，有很多当爹的一世英名，最后却毁在自己儿子手里。

话说这赵奢当了赵国重臣以后，他们家就发迹了，他儿子赵括一下子就成了高干子弟，非常招摇，加之身边总是有很多人拼命奉承讨好，赵括的自我感觉变得非常好。

当然，赵括也是很有理想的，他也想跟他爹一样成为名将。他有事没事就爱看看兵书，据说学得非常不错。闲来无事的时候，跟他爹搞沙盘推演，他爹都不是对手。再经身边那些溜须拍马的人一渲染，赵括的人气陡然上升。

十年后，秦军再度来攻伐赵国，气势汹汹。这时候，平原君已经是赵国的国相了。而秦军这次出兵的理由跟平原君喜欢贪小便宜有点儿关系。当时秦国打韩国，切断了韩国上党郡和韩国本土的联系，使得上党郡成了一块飞地。上党行政长官觉得韩国是靠不住了，不如傍一下赵国的大腿吧，就提出要带领上党十七座城邑一起归顺赵国。赵王找人商讨，有人说，接受上党，会引来秦军的攻击，是"祸大于利"；而平原君则认为，之前打仗拼死拼活，都打不下一座城，这下白白来十七座，为什么不要？于是，就接受了。这下，秦军果然来打了。

这时候赵奢已经死了，廉颇率军抵抗秦军，一连吃了几个败仗，所以就不敢随意出兵了，与秦军对峙，坚守不出。秦国虽然不吃亏吧，但是也奈何不了廉颇，觉得这么拖着不是个办法。这时候，秦国应侯范雎①使出了撒手锏——反间计。

刚好这边赵王也很不爽，他觉得廉颇吃了那么多败仗，现在还示弱，非常生气。实施反间计的人过来了，就跟赵王说，秦国那边一点儿也不怕廉颇这个老头子，这哥们儿估计坚持不了多久就会投降了；秦军唯独怕马服君的儿子赵括，不如用赵括去替换廉颇，可重现马服君当年大败秦军的辉煌。

赵王这么一听，觉得有几分道理。所谓龙生龙凤生凤，老鼠的儿子会打洞嘛，名将的儿子一般也应该是名将。再加上纸上谈兵的时候，赵括也屡次战胜他老爸。于是，担心廉颇随时可能临阵投降的赵王，没怎么想，就同意了这个建议，下令启用赵括为大将。

可是，有人反对。

第一个人叫虞卿，是个游说之士，当时被赵王奉为上宾。赵王特别听他的话。

他对赵王说，赵括这小子空有虚名，死读兵书，不懂得随机应变，肯定要吃败仗。

但偏偏这次，赵王不听。

还是有人反对。

这次是赵括他老妈。这时候赵括已经准备出兵了，他老妈却做了件匪夷所思的事情，上书给赵王说他儿子不行。做娘的这么不遗余力地拆自己儿子的台，历史上非常罕见。

---

① 《资治通鉴》中为"范睢"，与范雎是同一人，本书统一作"范雎"。

他老妈说，当年他跟他爹纸上谈兵的时候，很牛，他爹完全不是他的对手。但是私下问他爹，这小子能不能成将才？他爹却一个劲儿地摇头，说打仗是出生入死的事情，但这小子谈起来非常随便，不是什么好事。如果赵国任用这小子做大将，赵军肯定有去无回。

说完了他爹生前的意见，他娘仍然不罢休地继续拆台。

她说，当年赵奢带兵的时候，身边常常聚集几百个人，一起吃饭；大王给他的赏赐，他全部都分发给手下将士；而且从受命之日起，就不再理睬任何家事。但我儿子呢，一拿到令箭，就跟手底下的人划清界限，让他们都要仰视他，接受他们的拜见；大王给他的赏赐，全部拿回家藏起来；而且当了大将之后，一直到处看房地产，增加自己的产业。别看他是他爸的亲生儿子，但秉性完全不一样啊，大王绝对不能派他去啊。

赵王不听，只是笑笑，老太婆怎么懂打仗的事情。

他老妈没办法了，就跟赵王说，她要同儿子划清界限，如果兵败了，千万不要拖累到自己身上。赵王答应了。

突破了百般阻挠之后，赵括终于坐上了大将军的宝座。他一到赵军大营，就把所有当官的都换了一遍，换上了自己喜欢的人；把之前所有法令也改了一遍，按自己喜欢的来。安顿好了内部军务之后，赵括就下令出兵攻打秦军。

另一方面，秦军知道赵括已替换了廉颇，就秘密任命了战国末期最有名的"屠夫"白起，而且要求全军保密，违令者斩。白起上任之后，面对赵括的进攻，先佯装败走，同时也埋伏了两支伏兵，堵住了赵军退走的路线。赵括进攻尝了甜头，一直打到了秦军大营，但毕竟秦军战斗力很强，赵军一时间无法攻破。赵括觉得不能吃亏，就想退走。

不料，等赵括下令回营时，他才发现，自己已经无路可退了。而且这次追击本来就是临时起意，军粮也没带多少，白起的两支伏兵把赵军的补给路线也掐断了。这下赵括慌张了。白起怎么会放过那么好的机会？立刻组织精兵偷袭，赵军士气大损，自然抵挡不住。赵括无奈，只能就地扎营，坚守以待援军。扎营的这个地方叫长平。

秦昭襄王是个极有魄力的战略家，一听说赵军被围，而且缺粮，知道重创赵国的机会到了，马上下令征发河内所有十五岁以上的男子去长平，阻断援军和粮道，这是一场准备毕其功于一役的豪赌。一时间，几十万赵军被围得水泄不通，这是当时赵国全国的兵力了。国际上对这件事也非常关注，一看到赵国全部军队都被包围了，而且眼看着就要被全歼、亡国，齐国和楚国都坐不住了，就都派了援军去救，希望能帮助赵军脱困，或至少来一次"敦刻尔克大撤退"。

其实在包围圈里头，赵军因为人数众多，秦军也暂时拿他们没有办法，最大的问题反而是粮食。秦军征发那么多精壮男性也主要是为了阻断粮道。赵军看到齐军来救援自己，就派人去齐军那里讨粮食，但齐王不肯——齐王可能是想重复之前围魏救赵的策略，让两家先互砍，砍得差不多了，再坐收渔翁之利。有人就劝齐王，在抵抗秦国这件事上，赵国对于齐国来说，就是一道屏障，好像牙齿外面的嘴唇那样。如果赵国这次亡国了，那么齐国就是唇亡齿寒的结果了。但齐王还是不听。

这个包围一直持续着，赵军断粮四十六天了。赵军内部，已经开始互相残杀，以吃同伴苟活了——中国军事史上吃人的事情很多，不过，这次是《资治通鉴》上首次出现"人相食"的情况。赵括没办法了，与其被同伴吃了，不如冲出去再拼搏一把，于是就下令进攻秦军，妄图突破包围圈。赵军一共冲锋了四五次，估计是因为没吃饭的关系，完全无法突围。赵括看着着急，就自己冲上去跟秦军肉搏，最后中箭而死。

赵军士兵的生理和心理防线已经到了极限，一看见主帅被干掉了，顿时全线崩溃，四十万人全部投降。

这时，"屠夫"白起露出了狰狞的本性。他说，赵国人反复无常，不杀会留后患。所以，他再次做了残忍的举动，把这四十万士兵全部活埋（我完全无法想象当时白起挖了多大的坑）。只放了两百四十个年轻人回赵国报信。听闻消息后，赵国举国震惊。

长平之战，赵军前后死了四十五万人，精锐损失殆尽，元气大伤，再也没恢复过来。秦国的统一霸业指日可待了。


## 毛遂自荐

白起坑杀完毕之后，继续向前进发包围邯郸，气势汹汹，一副要灭掉赵国的气势。赵国危在旦夕。其他几个国家这才发现，一旦赵国被灭，自己也迟早会被秦国吞并。但这个时候，在军事力量上，山东六国已经很难有效组织起反抗秦军的军队了，说当时那状态是"人人谈白起而变色"一点儿都不夸张。于是，他们换了思路，花了很多钱，请了当时天下第一说客，我们的老朋友苏代，去秦国搞反间。

苏代去秦国直接找了应侯范雎，这是当时秦王最信任的大臣。苏代就说，应侯啊，白将军马上就要灭赵国了，这可是大功一件啊，到时候白将军肯定能位列三公，排在你之上啊。你甘心在他之下吗？

应侯范雎脸色微微变了一下。

苏代继续说，现在打了那么长时间的仗，军队也疲劳了，不如趁这个机会，让韩国和赵国割地赔款了事，这样你也不用担心白起的功劳在你之上了。

范雎听从了，于是就说服了秦王罢兵。白起灭赵，本来是板上钉钉的事情，可惜就这么被搅黄了。从此，范雎和白起就结下了很深的梁子。

但是，秦王的野心还是一样一样的。第二年，又派兵来打赵国了，不过这次的主将不是白起了，因为白起生病了——悄悄告诉大家，这个病是心病。后来秦军一直战斗不利，秦王一直想重新起用白起，白起始终不肯。最后，秦王赐死了这位战国末期杀人最多的将军。秦国百姓都觉得他很冤，纷纷祭奠他的灵位。

不过，由于长平之战赵军大伤元气，所以，秦军很快又包围了邯郸。赵军坚守，秦军冲锋了几次，都没能成功。秦王还真是喜欢赌博，加上上一次赌赢尝了甜头，这回再一次举国征兵去围攻邯郸。赵国再一次危在旦夕。平原君是王族宗亲，又是赵相，关键时刻挺身而出，出使去搬救兵。

这次出使事关重大，平原君准备带自己门客中最厉害的二十个人一起去。但他挑来挑去，也就只挑出十九个人。

这时候，有个叫毛遂的小伙子，跑到平原君面前自荐。平原君觉得这个人太自大了，就很不屑地说，牛人处于一群人中间，就好像锥子放在口袋里头，锥尖马上能显露出来。小伙子你跑到我这有三年了，没有任何人见识过你的长处，你还是省省吧。毛遂说，我之前比较低调，今天我请老板把我放到口袋里，我一定能脱颖而出。平原君虽然不喜欢这小子，但实在挑不出第二十个人了，就带他一起去了。

他们先去了楚国。平原君跟楚王聊了很久，楚王始终犹豫不决。这样下去对赵国可不是什么好事，邯郸随时都有可能被破城。这时，毛遂拿着宝剑就上了谈判桌，也不打招呼，上去就数落平原君，说，联合抗秦，"利""害"两个字就可以说明白了，但现在拖了这么久，为什么还没决定，什么情况？

平原君突然被自己手下一小伙子抢白了一番，还完全没反应过来，楚王就先不乐意了。你这小子什么东西，我跟你主人说话呢，还不快滚下去！

毛遂没有滚下去，而是按着宝剑往楚王跟前走了几步，说，大王，你牛是因为你们楚国国土大，人多，但现在十步以内，国土再大、人再多，都是白搭，你的性命现在在我手里。

楚王听了，发现身边确实没什么护卫，自己小命被捏在这来历不明的哥们儿手里了，不禁冷汗直冒。

毛遂继续讲大道理，他说，楚国那么强大，但是被秦国打得落花流水，几次丢了国都，宗庙都被铲平了。现在我们赵国提出要跟你们一起抗秦，是为了你们好啊，你不但不感谢我们，居然还要呵斥我。

楚王这时候已经没什么招儿了，只是一个劲儿地点头。

看到楚王已经完全示弱了，毛遂就问，联军的事情定了吗？楚王回答，定了，定了。

于是，毛遂就命令楚王的随从，拿鸡血来，让楚王、平原君、自己和其他十九人一起放血，歃血为盟。

毛遂的出色发挥帮助平原君顺利从楚国搬到了救兵，这让平原君很惭愧。回国以后，平原君立刻奉毛遂为上宾。


## 血战邯郸

于是，楚国派了F4另一位成员——春申君带兵来救。而F4成员——魏国的信陵君也说服魏王派兵十万救赵，后来也亲赴战场。

不过，毕竟秦军来得早，援兵到得慢，两国大军还在路上的时候，这边邯郸已经快顶不住了，随时都有投降的可能。平原君每天都很担心，但也想不出什么好办法。

邯郸本地一个叫李同的官员去见平原君，问他，老板你不怕赵国亡国吗？

平原君说，怎么不怕，我每天都在为此发愁啊。

李同就说，邯郸现在已经困顿到了极点，百姓们没有饭吃，就交换孩子作为食物，没有燃料，就拿人骨头当柴烧（炊骨易子而食）。可老板，你看看自己家里，数以百计的侍女仆人，还穿着丝绸衣服，每天上好的饭菜都吃不完，跟百姓的生活完全是两个极端。一旦赵国亡国，你的那些金银财宝还有什么用？如果你真的担忧赵国亡国，那赶紧把自己府上的人都编入军队，把自己的财宝都分发给士兵吧。

平原君采纳了他的意见。他用自己的家财招募了三千敢死队。李同带着这三千敢死队跟秦军决一死战，让秦军退后了三十里。刚好这时，其他两位F4成员也带领援军赶到，于是，F3合力击退了秦军，赵国再一次免于亡国。李同战死。

这次邯郸保卫战，平原君功不可没，于是赵王和他的近臣商量要怎么赏赐他。虞卿，这个机会主义者，就想趁这个机会讨好平原君，就跟平原君说，他在赵王面前力争给他增加封邑。平原君的门客公孙龙听说了这个消息，就连夜乘车去见平原君，问他有没有这回事儿。平原君说，有这么一回事儿。公孙龙就劝诫他千万不要接受。平原君很奇怪，问，为什么？

公孙龙说，老板您之所以能成为赵国相国，不是因为您的才能出类拔萃，而是因为您是王族近亲。这次因为信陵君出兵救赵，而您却要求增加封邑，也是因为您是王族近亲的缘故（平原君是信陵君的姐夫）。您无功的时候，作为王族近亲的身份接受封赏；有功的时候，又要求按照普通人的身份来论功计赏。这显然是很不合适的。

更何况，虞卿在这件事上的立场也很暧昧，这件事能不能成功，虞卿两头都占着主动权。您想想，这件事如果成功的话，虞卿就会要您以后报答他；如果不成功，他也有一个为您争功求封的虚名。从这个角度上考虑，您绝对不能听虞卿的话。

平原君听了后，想了想，觉得很有道理，于是就谢绝了虞卿的提议。

又过了几年，平原君去世了。幸运的是，终其一生，秦军尚无法灭亡赵国；不幸的是，他的后嗣，在赵国被灭的同时，也被灭了。

# 第十七篇

# 凤凰传奇

- - - - - - - - - - - - - - - - - - - - - - - - - - -

时间：周赧王三十二年—秦始皇三年

　　　（前283—前244）

人物：廉颇、蔺相如

内容：完璧归赵、渑池会、负荆请罪以及

　　　尚能饭否

　　"凤凰传奇"是当今中国乐坛拥有极高人气的歌唱组合，那一年听《最炫民族风》真是听到要吐。但他们的歌听得多了，你就会发现，其实基本上就那个女的在唱，那男的好像就几句，还是没调调的，甚至很多时候连正儿八经的歌词都省了，就"嘿哟嘿、嘿哟嘿"地来几下。我不禁很茫然，这男的主要就是派这个用场的？

　　于是，我"知乎"了一下，没想到，还真有这个问题。

　　知乎是个很神奇的网站，知友们对这个问题的解答，简直要笑死我了。回答千奇百怪，撇开那些纯搞笑的不提，剩下的答案虽然很多，但都有个核心共同点，那就是——

　　如果没那男的，就不是凤凰传奇了。

　　真理就是这么简单。

每个成功人士的背后，都站着一个不停唱着"嘿哟嘿、嘿哟嘿"的男人。

开始说正题，廉颇和蔺相如。

廉颇，赵国大将。赵惠文王的时候，曾经带兵伐齐，立下赫赫战功，被赵王拜为上卿，是赵国最有地位和声望的大臣，也是当时闻名国际的猛将。

蔺相如呢，出场的时候比较惨，连个正式公务员编制都没混上，只能在当时赵国宦官令缪贤手底下打工。

这地位悬殊的俩人是怎么走到一起的呢？

## 完璧归赵

话说这一天，有人向赵惠文王进献了一个十分特殊的宝物，出产自楚国的和氏璧。赵王很高兴，一直把玩着。但他没想到的是，这宝物带给他乐趣的同时，也给他带来了一个大麻烦。

这个麻烦就是秦昭襄王。

和氏璧是当时举世无双的稀世珍宝，每个大王都想拥有。赵王得到和氏璧的消息不胫而走，传到了秦王耳朵里。秦王当时是国际上最有势力的大王，很想得到这块和氏璧，就开始琢磨办法。如果为了一块玉石而发动一场战争，恐怕说不过去；如果直接索要，又显得自己太贪得无厌，有损国际形象。想来想去，没有合适的办法。最后，有人献了一计，说，大王，可以以十五座城池为代价，去跟赵国交换这个和氏璧。这哥们儿一边说，一边还眨巴眼睛，一副很奸诈的样子。秦王听了，颔首一笑，微微点头，立刻下令修书一封给赵王。

赵王看到这封信，很头疼，就跟廉颇等一干重臣讨论。你说答应吧，又怕被秦王骗——秦国这方面的信用特别差；你说不答应吧，又怕被秦国找个借口出兵讨伐。左右为难。不仅如此，朝中也找不到合适的人出使秦国。

看着一干大臣绞尽脑汁也想不出办法，赵王的宦官令缪贤站出来说，臣保举一人。赵王看了他一眼，问，保举何人？缪贤说，我的舍人蔺相如。

群臣窃窃私语，说赵国难道无人到这种地步，居然要派一个宦官的小厮出使秦国吗？纷纷表示不忿。

赵王倒还比较有耐心，就问缪贤，为什么觉得这个人有能力出使并完成使命？

缪贤就说开了。他说，他之前犯过一次错误，怕大王怪罪，私下里考虑逃去燕国。小蔺就问我了，大人为什么要逃去燕国，和燕王很熟吗？我就跟他说，有一次我陪我家大王跟燕王会面，燕王私下握着我的手说，愿意结交你这个朋友。所以，我觉得他应该对我会不错，我就想逃去燕国。这小蔺听了，就劝我说，燕国弱小，赵国强大，而老板你是赵王面前的红人，所以燕王想要结交你。但如今，你是作为赵国的逃犯跑去燕国的，燕王惧怕赵国来兴师问罪，不但不愿意结交你，说不定还要五花大绑主动把你送回赵国呢。我觉得呢，你还不如主动向大王坦白错误，痛哭流涕，这样活命概率还高一点儿。我后来听了他的意见，大王你确实也原谅我了。

赵王听了这一段，觉得这个蔺相如说不定确实是个人才，就让缪贤赶紧把他叫来。蔺相如就急忙跑了过来。赵王也不客套，上来就直接问他，秦王来信，说要拿十五座城池换和氏璧，你觉得我们应该怎么办？

蔺相如对答得很从容，秦强赵弱，不能不答应他们的要求。

赵王哼了一声，秦王信用极差，如果我们把和氏璧送过去，他们却不给我们城邑，怎么办？

蔺相如说，赵国实力弱，做事就要尽量占着理。秦国提出用城换璧，我们不答应，就是我们理亏；若我们答应了，秦国不愿意拿城出来，就是秦国理亏。我们不能做理亏的一方。

赵王拍了大腿，说，对！但马上又坐了下来，挠头说，但这种深入虎穴的事情，派谁去呢？

蔺相如到现在才发现这原来是个坑——当然，常人眼里的坑，在牛人眼里就是机会。他对赵王说，如果大王没有合适的人选，就让我去吧。如果秦国如约把城池给了我们，那就把和氏璧留给他们；如果秦国耍赖不给城池，我一定把和氏璧原封不动地带回来。

赵王听了这番话很高兴，立刻就安排蔺相如带着和氏璧出使秦国。

蔺相如带着和氏璧来到秦国。秦王在别宫接见了他，秦王看到和氏璧以后非常高兴，就把和氏璧拿过去，给身边的老婆和小老婆们传看。不过，如赵国人所料，秦王根本没有提起拿城池换宝玉的事情，而是想要通过占有和氏璧造成既成事实。

这种局面，蔺相如早就料到了。于是，他不慌不忙，走上前去，对秦王说，大王，我家赵王特别嘱咐我，买卖要讲诚信。这个和氏璧确实是宝物，但可惜上面有一个小斑点，赵王特地要我告诉大王。秦王听了，马上自己拿来看了一下，没找着，就让人把和氏璧递给蔺相如，让他指给自己看。

蔺相如拿到玉，往后退了几步，靠在柱子上，表现得大义凛然，对秦王说，当时大王送信过来，说要以城换宝玉，赵王召集大臣商量，大家都说，秦国不讲信用，只是想拿到宝玉，根本不可能给我们城池。但我觉得小老百姓交往都崇尚诚信，更何况是秦赵这样的大国呢。于是，在我的说服下，赵王特地斋戒了五天，让我带着宝玉和国书来秦国履行这笔交易。

蔺相如紧紧握着宝玉，继续说道，没想到，我高估了大王，我们这么隆重地来献上宝玉，大王却非常傲慢无礼，在这样的地方接见我，而且还给您的小老婆们传看，这不是侮辱我们吗？我觉得大王完全没有拿城换玉的诚意，所以我才撒谎取回宝玉。

秦王暗暗叫苦，中了计了。于是用眼睛暗示侍卫，让他们伺机强夺。

这些小动作，蔺相如都看在眼里，他立刻大声说道，大王今天如果要逼我，我就跟这块玉一起玉石俱焚！说完以后，摆出要撞柱子的姿势，两眼也斜视着柱子。

这下秦王紧张了，他原本以为拿到宝玉是很简单的事情，没想到越搞越复杂了。秦宫的柱子虽然硬，但撞死人是不够的；不过，撞碎块玉石，那是足够了。他现在最不想看到的事情就是蔺相如把这块玉毁了。蔺相如命贱，可和氏璧价值连城啊。他就挥挥手，让侍卫们先退下。

秦王也不是白痴，也会动脑筋。要智取。

他先安抚蔺相如，说，我们是很有诚意的。像我这样的大国领导人，怎么可能说话不算话呢？小伙子，你先不要那么冲动，冷静下。

蔺相如哪是什么毛头小伙子，不吃这一套，依然摆出时刻准备去撞柱的姿势。

秦王没办法，就叫手下的人拿来地图，给蔺相如看，在相如面前划定了秦赵边界的十五座城，说是准备给赵国的。

蔺相如知道这仍然是糊弄他的，赵国根本不可能拿到这十五座城，他就盘算着下一步如何应对。他答应赵王如果拿不到城，就得把玉完好无损地送回去，他不能辜负赵王。

于是，他对秦王说，这是个大事情，看到秦国已经划好了地，我们很高兴。但那么大的事情，我们觉得挑个黄道吉日，搞个大型庆典才显得正式。我建议大王您先斋戒五天，然后在正殿上安排九宾大典，我们再来办这个事情。

秦王叫苦不迭，什么黄道吉日、斋戒五天，封建迷信害死人啊。但秦王是个不达目的不罢休的人，他这次还就跟蔺相如杠上了，非拿到玉不可。

既然打定主意，那该斋戒就斋戒吧，反正我把你安排在我的控制之下，你想跑也跑不了，这玉迟早是我的。秦王暗自思忖。

蔺相如顺利地从秦宫全身而退，回到宾馆。秦王派人里三层外三层地监视着他。蔺相如知道秦王没有换地的意思，就安排随从穿上破衣服，走小路，把玉悄悄送回了赵国。

可怜的秦王，吃了五天的青菜萝卜，整个人都清瘦了不少。不过，想到马上就能拿到宝玉了，人还是很精神的。那天，秦国在大殿上安排了仪式，准备交割和氏璧。

蔺相如从容赴会。秦王看他没带着玉，很疑惑。蔺相如上前对秦王说，秦国从秦穆公以来，国家领导人从来不讲诚信。我这次非常害怕我们家大王又被您忽悠了，所以已经悄悄把和氏璧送回去了。

秦王一愣，心想，小子你不要命了。

蔺相如继续缓缓说道，秦国很强大，讨要和氏璧，赵国没有办法说不。但我相信大王您是个高尚的人，不会那么无耻。所以，我建议，为了您和秦国的名声，秦国先割十五城给赵国。依仗你们强大的军事力量，赵国怎么可能不把玉送过来呢？

秦王心里咯噔一下，还给我戴高帽子。

大殿上早已经是哗然一片了，有人苦笑，有人咒骂，有人摇头。

蔺相如可不管群臣的反应，说，我这次确实欺骗了大王，所以我愿意赴死。说完，就昂然站在秦国大殿上，准备慷慨就义。

侍卫早就不爽了，立刻走上去，准备拉他去殿外砍头。

慢！

秦王从宝座中站起身来。

算了。来来，喝酒。

秦王虽然不讲诚信，但他非常敬重有胆识、有智谋、不怕死的义士。虽然这次他做了冤大头，但他打心里敬重蔺相如这样的汉子。他依然按照之前的计划完成了典礼，之后送蔺相如回国。

当然，以城换璧的事情，自然是黄了。

蔺相如居然从虎狼之国毫发无伤地回来了！这个消息立刻传遍了赵国首都。赵王对他的表现非常满意，立刻封他为上大夫。蔺相如靠着不怕死的精神和高超的智谋，终于拿到了高级公务员的金饭碗。

## 渑池会

秦国不停地在边境骚扰赵国，夺了一些地，杀了几万人。

不过，跟其他几国相比，赵国还是相对比较硬气的，秦国没有占到什么实际便宜。秦王觉得这么耗下去不是办法，就约赵王在西河外的渑池喝茶。当然，名为喝茶而已。

赵王怕落得个跟楚怀王一样的下场，不想去。但以廉颇和蔺相如为首的一干大臣却力劝赵王去。因为，这几年，秦赵双边关系上，虽然秦国略有优势，但是也没占到太大便宜，赵国没必要也不能轻易示弱给秦国。所以，这次赵王必须去。

赵国人比较有血性，大将说话也比较直白。廉颇对赵王说，这次的行程安排，来回三十天足够了，如果大王您那个时候不回来，我们就认为您被秦国扣了或者杀了，我们就立太子为王，以免让秦王要挟我们。

赵王一听，不乐意啊，你这是存心让老头子去送死，自己做顾命大臣啊！不过，他也豁出去了，同意了——其实也是没别的办法，不得不同意。

蔺相如陪着赵王出访，廉颇在边境上部署大军以备不测。"凤凰传奇"的第一次合作就这么开始了。

到了渑池，两个大王开始喝茶。秦王有意要羞辱赵国，就开始下套，说，我听说赵王是个音乐爱好者，没事爱玩玩乐器？

当时爱好音乐是件很高雅的事情，赵王觉得聊聊音乐这个话题有助睦邻友好，就点点头，说，一般一般，非专业水平。

秦王笑笑，听说你玩瑟玩得不错，现在弹一曲给兄弟听听？

边说，边让人把准备好的瑟递给赵王。

赵王傻了，这不是找事儿吗？他刚想拒绝，抬头看到秦王身后那帮如狼似虎的秦兵，知道这事儿如果不按秦王的意思来，后果很严重。赵王忍辱负重啊，涨红了脸，接过瑟，弹了几下。

这桥段都是秦国使团事先编排好的。见到赵王弹瑟了，秦国史官就迅速在竹简上刻下，并大声朗诵，×年×月×日，秦王与赵王见面，令赵王奏瑟。

这简直是国际丑闻，赵国颜面丢尽了。赵国使团一片唏嘘。

此时此刻，蔺相如挺身而出，力挽狂澜。他上前对秦王说，我们听说秦王也很喜欢音乐，而且玩秦国本地打击乐玩得不错，今天不如就着这些饭盆，给我们也表演一下如何？说完，上前从秦王的桌上随手拿了个饭缸，递给秦王。

秦王立马就怒了，小时候你妈没教过你吃饭敲碗是不文明的行为吗？怒斥蔺相如，不肯敲碗。

蔺相如见状，单手拿着饭盆，举过头顶，说，我现在跟大王就五步的距离，如果我现在自杀，血都能溅到大王身上。言下之意是他现在拿饭盆砸秦王脑袋的话，秦王必定非死即残。

秦王那些侍从也不是吃干饭的，眼看着老板受欺负，就要冲上去灭了蔺相如。蔺相如虽然不是武将，但估计他小时候玩过板砖敲脑壳的游戏。只见他面露凶相，破口大骂，挥舞着饭盆，一副要往秦王脑袋上砸下去的模样。侍从不怕饭盆，就怕饭盆落在秦王脑袋上，一下没了章法，纷纷止步不前。

秦王这才发现，这哥们儿有点儿眼熟，正是前两年在自己朝堂上抱着和氏璧要撞柱子的那人。他暗暗叫苦不迭，这哥们儿就是个亡命之徒，为了块玉都敢死，如今要拿自己的命换秦王的命，那么划算的买卖，有什么下不去手的。

无奈，秦王拿起筷子，随意敲了下桌上的碗。

蔺相如立刻招呼赵国史官在竹简上记录，×年×月×日，秦王给赵王敲饭盆。

秦王现在已经出离愤怒了，大臣们也看到老板吃亏了，就想办法要扳回一局，上前要求赵国割地十五城给秦王献礼。

这要求，真是脑子进了水了才提得出来。秦国打赵国那么多年，也没打下十五座城，凭什么你秦王今天敲了下饭盆，就要赏给你十五座城？

于是，蔺相如走上前，说，没问题，不过礼尚往来，秦国把咸阳送给赵国给赵王献礼吧。

秦国大臣们不言语了。气势汹汹的秦国君臣，在这次渑池会上是什么便宜都没捞着，还成了国际笑话。

赵王异常顺利地、欢欣鼓舞地、意气风发地回到了自己的国家。

之前说过，秦王霸道，秦王不讲信用。那么他在渑池会受了奇耻大辱之后，为什么不搞反击？为什么不当场把赵王扣下或者全灭赵国使团，至少杀了蔺相如？

我记得一个中国的外交官曾经对解放军的高级将领说过这样的话：你们没法通过实力获得的东西，就不要妄想让我们这些外交官通过嘴皮子来得到。

这句话是国际博弈背后的真理。

渑池会也是如此。秦王之所以能忍得住侮辱，是因为在蔺相如弱小身躯的背后，站着一个不停唱着"嘿哟嘿、嘿哟嘿"的男人——大将廉颇。

秦王不是傻瓜，他随时关注着边境的情况。据他的探子来报，廉颇集中了赵国所有主力军，压在秦赵边境上，随时准备跟秦国决一死战。

大丈夫能屈能伸，留得青山在，不怕没柴烧。秦王也只能这么安慰自己了。


## 负荆请罪

渑池会上，蔺相如立了大功，着实让赵王风光了一把，赵王一回国就封他做上卿。而在渑池会期间唱"嘿哟嘿"的廉颇呢，因为事前曾经说过要立太子之类的话，赵王对他心里有点儿意见，就没升他的官。这样一来，蔺相如就爬到廉颇头上去了。

廉颇是一介武夫，对此很不服气。想到他的地位，是通过浴血奋战、一个人头一个人头打拼出来的，蔺相如一个宦官家的仆人，就凭几下嘴皮子的功夫，就凭"玉石俱毁"这招，居然那么快就爬到自己头上去了，这不是给他难堪吗？他公开放出话来，说，如果他碰到蔺相如，必会好好羞辱他一番。

赵王听说这事儿，知道廉颇是武夫，怕惹是非，也不敢管。

蔺相如听说了，深思了一下，就装作很怕廉颇的样子，一门心思躲着廉颇。每次要上朝，蔺相如就请病假；出门远远看到廉颇的车子，蔺相如就让车夫回避。

蔺相如能忍，他的门客不能忍啊，就找到蔺相如，对他说，我们来投奔你，是因为你硬气啊，敢死扛秦王为赵国争利益。但你现在在廉颇面前，就是一个软骨头的表现啊。我们实在看不下去了。

这帮门客纷纷递交了辞职信。

蔺相如很镇定，召集大家坐下，不要那么冲动。然后他开始解释。

大家认为廉颇和秦王比，哪个更厉害？

秦王厉害。

蔺相如点点头，说，秦王那么厉害的人，我都敢在朝堂上公然斥责他，羞辱整个秦国朝廷。你们觉得，我秦王都不怕，还会怕廉颇吗？

底下人沉默了，蔺相如说得没错。

蔺相如又说，大家想想，渑池会上，我们为什么能成功帮助赵国争得颜面？一方面是我在前方争取，但更重要的是，有廉颇坐镇边境，如此秦国才占不到半点儿便宜。但如果秦国看到我们俩窝里斗，岂不是很高兴？如果我俩任何一人失势或者两败俱伤，赵国如何抵挡秦国？

底下人更沉默了，那些之前嚷嚷要辞职的人都不敢抬头看蔺相如了。

所以啊，我之所以忍让廉将军，是为了赵国国家利益而忍辱负重啊。

底下人纷纷站起身来，拿回自己的辞职信烧了。

廉颇听说了这件事，很羞愧。他是武夫，做事很直接，脱了衣服，背着荆条，就到蔺相如家门前请罪，他对蔺相如说，我是个粗人，大哥你胸怀宽大，我比不上，请接受我的歉意。

"赵国凤凰传奇"中的成员终于真正走到了一起。

## 尚能饭否

"凤凰传奇"默契配合的时候，赵国保持着强国地位。虽然对秦国占不到什么便宜，但是欺负欺负其他国家完全没有任何障碍。从负荆请罪的那年开始，"凤凰传奇"联手轮番打击齐国、魏国，接连收获了不少城池；随后，赵奢在阏与也大败秦军。赵国国际声望迅速上升。

后来，赵惠文王死了，赵奢也死了。再后来，就发生了长平之战。

很多朋友不禁要问，长平之战的时候，这对"凤凰传奇"在干吗？

大家看过前面内容的话，应该会记得，长平之战一开始，是廉颇带领赵军在前线抗敌。由于吃了几个败仗，廉颇就定了坚守不出的战略，秦军也奈何不了。虽然打不赢秦军，但也不吃亏。

但范雎使用反间计的时候，蔺相如作为国中重臣，为什么不出来"嘿哟嘿"一下，劝阻惠文王的儿子赵孝成王不要用赵括代替廉颇？

原因很简单，因为蔺相如病了，病得很重，很快就死了。

个人认为，赵国之所以会有长平之败，主要是因为——

"凤凰传奇"散伙了。

当然，廉颇仍然是名将，打仗的本事还是杠杠的，随后几年，他又带领赵军夺取了魏国的一些领土。但一旦没有蔺相如在背后"嘿哟嘿"了，廉颇的武夫本色暴露无遗。

赵孝成王死后，他儿子悼襄王即位。悼襄王听信谗言用乐乘取代廉颇做了大将军。廉颇气不过啊，就攻击乐乘，这乐乘还真是没用，直接辞职逃离了赵国。廉颇也知道自己犯了很严重的错误，就跳槽去了魏国。

前面说了，廉颇在赵国的时候，夺了魏国不少土地。所以，即便他成功在魏国找到了一份工作，魏国人仍然对他很仇视，各种排挤他。而赵国呢，自从廉颇走了以后，经常被其他国家欺负，赵王就想召他回来，派了使臣去探望他。

廉颇性格直率，在赵国当官时得罪了不少人。一个叫郭开的仇人，为了确保廉颇回不来，就花大价钱收买了使臣，让他回来说廉颇的坏话。

这使臣跑去魏国，见到了廉颇，就观察他。廉颇知道这是赵王派来面试自己的，就请他吃饭。为了显示自己老当益壮，廉颇就当着这哥们儿的面吃了一斗米、十斤肉，吃完以后他穿上铁甲（那时候铁甲绝对不是山寨货，几十斤重），跨上骏马，以显示自己仍然很厉害，能堪大用。

使臣看在眼里，但是他毕竟收了郭开的钱啊，不能跟白花花的银子过不去啊。

他回去就昧着良心跟赵王说，廉老将军老了啊，虽然他饭量还不错，但是吃得多，拉得也多，就跟我坐了一会儿，就去上了三次大号。赵王一听，我靠，这哪能带兵打仗啊，打到一半，拉屎拉到裤子上了，这不动摇军心吗？

于是，廉颇回赵国的事就这么黄了。

没有蔺相如在背后"嘿哟嘿"了，吃了也是白吃啊，耍大刀耍到胳膊断了都没用。

后来，楚国听说廉颇在魏国郁郁不得志，就挖墙脚把他挖了去。廉颇去了楚国以后，同样没什么建树，而且年纪大了，非常怀念当年带领赵军叱咤风云的时候。就这样，抱着无比的遗憾，一代名将抑郁地死在了异乡。

所以，朋友们，一定要珍惜那个在你身后不停唱"嘿哟嘿"的人啊！

# 第十八篇

# 楚地风云

时间：周赧王十六年—秦始皇帝十年

    （前299—前237）

人物：楚怀王、屈原、春申君、楚考烈王

内容：给楚怀王戴昏君帽子的屈原

    给楚考烈王戴绿帽子的黄歇


看过之前秦国崛起那篇的朋友，应该还记得动不动就把儿子送出去当人质、最后自己客死在秦国的楚怀王。从国土面积上讲，楚国绝对是当时第一大国。但这样强大的国家为什么会让自己的国君客死异乡呢？后来事态又是怎么发展的呢？


## 功过五分的"昏君"楚怀王

其实客观地讲，楚怀王真不是个特别聪明的人。

不知道大家还记不记得，楚怀王曾被张仪戏耍于股掌之间。那年张仪骗楚怀王跟齐国断绝关系，条件是秦国割地六百里给楚国。楚怀王特别信任张仪，于是跑去痛骂齐国，搞得齐王特别委屈，不得已才投奔了秦国。楚王这背弃朋友的行为，最后只换来了张仪的六里地。

过了两年，楚怀王又把张仪骗到了楚国。后来的事情大家都知道了，张仪通过靳尚和郑袖的帮忙，又成功从楚国离开了。

当然，评价一个人呢，要客观，楚怀王还是有一些功绩的，其中最重要的一件就是攻灭越国。

大家应该都知道"卧薪尝胆"的故事，故事的主人公就是春秋时期的越王勾践。勾践卧薪尝胆灭了吴国以后，越国就成了东南方最强大的国家，一度是当时的霸王。直到战国后期，越国地处偏僻，一直故步自封，跟其他几国的差距越来越大。到了楚怀王的时候，齐楚联手，就把越国灭了。

要知道，越国当时也是"万乘之国"。攻灭一个万乘之国难度是很大的。当年齐国和燕国相互打了那么多年，最后谁也没有灭掉谁。

后来呢，由于顶不住秦国强大的军事压力，楚怀王先是送出了自己的太子去秦国做人质，后来自己也跑去秦国做了人质，最后客死异乡。

不管怎么说，楚怀王还是一个比较有勇略、有能力的国君。客观评价，至少也是功过各占一半。

但为什么历史上都众口一词说楚怀王是昏君呢？

因为一个人，屈原。

当年张仪第二次来楚，本来是必死的结局，最后却因为靳尚和郑袖的关系，成功离开了楚国。张仪一走，屈原就跑去找楚怀王，质问自己老板为什么要放了张仪。

楚怀王这才清醒，派人去追，已经追不上了。

由此可见，当时楚怀王还是比较信任屈原的。当时楚国国内有亲秦派和反秦派之分，屈原算是反秦派的代表人物。

后来，楚国和秦国结盟的时候，屈原也多次表达了反对意见，楚怀王却不听。反秦派也由此没落，屈原被流放，无法再参与朝政，因此只能改行，去写诗。

再后来，楚国首都被秦国攻破。听到这个消息，屈原悲痛得不能自已，怀抱大石，沉入江底。再后来就有了粽子、赛龙舟和端午节。

客观地评价一下屈原：他是个超一流诗人，三流政治家。

屈原是个感情很丰富但情商很低的人。特别显现在他不能很好地控制自己的情绪，凡事都要一抒胸臆。他给老板谏言的时候，喜欢说大实话，估计说的时候，情绪也很激烈。这对政治家来说是一大忌讳。

但无论如何，屈原对后世的影响极大。所谓的影响绝不仅限于端午节假期。没有人能否认，屈原的《楚辞》同《诗经》一同奠定了汉语的韵律、节奏感和美学倾向，从而决定了我们这个民族几千年以来的美学传统。

更重要的是，屈原虽然不是一个好政治家，但他有话直说、据理力争的性格也被认为是后世君臣伦理的楷模。


　　沧浪之水清兮，可以濯吾缨；沧浪之水浊兮，可以濯吾足。


屈原如此有名，如此高风亮节，这样的大臣、贤人为什么会如此落魄不得意呢？贤臣落魄，必定是昏君当道。于是乎，本应功过各半的楚怀王就被扣上了昏君的帽子，永世不得翻身。


## 春申君登场

上次讲秦国崛起的时候说到，楚顷襄王的时候，秦国准备以白起为大将，纠集韩、魏一起来打楚国。在即将出兵的千钧一发之际，跑出来一个叫黄歇的楚国使者，劝阻了秦王。

黄歇给秦昭襄王上书一封，里头大致是这么说的——

首先，是承认秦国已经很强盛了。但随后立刻指出，即便秦国这么强盛，仍有很大隐忧。

黄歇举了两个例子：一个是吴越交战，吴王占尽先机，越王卧薪尝胆，最终使得弱小的越国灭掉了强大的吴国；另一个例子则是智伯带着韩氏、魏氏伐赵氏，结果韩氏、魏氏被赵襄子成功策反，智伯最终落得个自己身首异处，家族全员灭亡的结果。

黄歇给出的结论是，如果秦楚互相攻伐，那么其他几个大国就会坐收渔利，最终的结果反而对秦国不利。

结果这封上书，不仅使得楚国成功躲过了一劫，更使得秦昭襄王更加认清了天下的局势，调整了战略，努力发展自身国力，为秦国最终统一天下打下了坚实的基础。

当然，黄歇自己也为此付出了代价。第二年，楚国为了跟秦国保持良好的双边关系，再次送出了自己的太子去秦国做人质。而黄歇因为在这件事上表现出众，被选拔为太子的陪同，一起奔赴秦国。

人质是生活在刀尖上的，但这并没有磨灭黄歇的聪明才智。

黄歇陪着楚国太子熊完，在秦国忍辱负重，寻求机会，这样的生活过了十年。

十年后的一天，楚国国内传来消息，说太子他爸——顷襄王病重，快不行了。太子和黄歇都知道，这是个很重要的时刻，如果太子能立刻回去，他就能成为下一任楚王；而如果太子赶不回去，楚国必将拥立另一位新王，这样熊完将彻底变为一个废人。

黄歇的政治智慧和勇气在这件事上表现得淋漓尽致。

他首先找到了秦国丞相范雎，试图说服范雎，使其相信让楚国太子回国继承王位是件有利于秦国的大好事。范雎跟黄歇、熊完的关系不错，且觉得这确实是个好主意，就向秦昭襄王汇报了一下。秦昭襄王有点儿犹豫，不过也不想放过这么好一个影响他国内政的机会，于是，就让熊完的师傅先期回国，探查一下楚王的病情，之后再作打算。

秦王的诏令传到了楚太子的居所，熊完无可奈何，准备按秦王的指示办。这时，黄歇站了出来。

他对太子熊完说，您必须逃回去，您换上仆人的衣服，今晚就走。

太子说，如果秦王追查起来怎么办？

黄歇说，我顶着，大不了一死。

于是，太子抱着一颗感恩之心，换了衣服扮成楚国使节的车夫回到了楚国。

这件事充分体现出黄歇是个精于算计的人。

我们来分析一下，当时的局势，无外乎两种结果：

结果一：楚太子被扣留在秦国，楚王驾崩，楚国大臣另推选一个楚王，那留在秦国的太子和黄歇就丧失了身份和外交价值，即便不死，下半生也将过着生不如死的生活。

结果二：楚太子成功逃离秦国，回国即位。黄歇就面临两种可能：一是被秦王杀掉；二是被秦王放回去，得到新楚王的重用，以报当时的救命之恩。

大家比较一下这两种结局。与其必死，不如搏一把。

黄歇充分分析了局势，做出了最优选择。而且，赌博成功。

熊完走了以后，黄歇主动向秦昭襄王坦白实情。秦昭襄王当场大怒，要赐死黄歇。范雎又跑出来了，他跟秦王说，这次黄歇帮了熊完那么大的忙，之后肯定能得到重用，不如现在放他一马，以后还能帮到秦国。秦昭襄王听了，就同意了。

黄歇回到楚国，三个月后，楚顷襄王去世，太子熊完即位为楚考烈王。考烈王一上位，就任命黄歇为令尹（楚国最高官职，相当于丞相），还赐给他淮北十二县的封地，封他为"春申君"。自此，黄歇成功跻身"战国F4"之列。

黄歇之后也没闲着，先是在邯郸之围中率兵援赵，随后又出兵灭掉了鲁国。这使得他当时的国际知名度大增，也使得楚国逐步恢复了强大。

同其他F4成员一样，黄歇手下也有超过三千的门客。而跟其他F4成员略有不同的是，黄歇好像从来没穷过，生活极其奢侈。

有一次，赵国平原君派了几个门客访问春申君。这几个门客琢磨，我们替老板来出访，要给老板挣足面子。怎么挣呢？他们从行李箱中翻出了平时舍不得用的一些玳瑁簪子和镶着宝珠的剑鞘。这在当时都堪称顶级奢侈品，绝不亚于现在的爱马仕包包。

于是他们一番打扮过后，跑去见春申君，一副得意扬扬的样子。走进门，一行礼一低头，他们立刻就自惭形秽了。原来春申君所有门客穿的鞋上都镶着宝珠。这帮门客不仅没给他们老板挣到脸，反而是丢人丢大发了。


## "兄弟情"

在长达二十年的日子里，考烈王和春申君的关系一直很亲密。春申君一直把持着楚国朝政，而且获得了极高的国际声誉。

这时候，楚国已经逐渐恢复了强国的地位，国内国外形势都一片大好。但，有个大问题。考烈王生不出儿子。

春申君着急啊，就不停地找那些传说中适合生育的女子，然后进献给楚王。女人是送了不少，但儿子仍然没生出来。

恰在这时，发生了一件事。

六国联合出兵攻打秦国，共推楚王为联军首脑。楚王就让春申君主事。不过，这场兴师动众的行动最后失败了。考烈王将这次失败的责任都归到了春申君的头上，并开始冷落他。

另一方面，春申君手下一个叫李园的宾客也在布局着另一盘大棋。

李园有个妹妹很漂亮。他先把自己的妹妹献给了春申君。春申君很喜欢美女，立刻就将其纳为了妾。这姑娘也争气，马上就怀了孕。

这时候，李园就跳出来找春申君，对他说，楚王那么尊崇你，对你比对自己的兄弟还好（这简直是必然的，楚王生命中最艰难的十年都是在春申君的陪伴下度过的，跟亲兄弟真没什么感情）。但现在楚王年纪大了，而且没有儿子，到时候万一没了，所谓人走茶凉，他的弟弟一上位，你就肯定会失势的。

这番话说到春申君心坎里去了。不要说楚王死了以后的事情了，即便没死，自己的位置都已经开始受到威胁了。这人还没走呢，茶杯就已经快被端走了。

李园继续说，现在我妹妹有了你的骨肉，而且这件事只有天知地知，你知我知，外加一个我妹妹。所以，不如趁这个机会，把我妹妹送给楚王，这样你的儿子就是以后的楚王，而你就是以后的太上王。这样，你的荣华富贵不就有保障了吗？

春申君听了这个大胆的计划以后惊呆了。这事儿说得简单一点儿是戴绿帽子，说得严重一点儿就是变相篡位啊。不过他仔细考虑了一下各种情况，答应了李园。

李园的妹妹确实很有姿色，一送过去就成了楚王的宠妃，顺利"为楚王"生下了太子，后来还做了王后。李园也哥凭妹贵，成了楚国重臣。

李园其实才是最大的阴谋家。他真正的目标是取代春申君的地位，成为楚国的实际控制者。他让自己妹妹为楚王生下太子只是计划中的第一步。而完成了这一步之后，他还需要做一件事才能真正达成目标。

这件事就是——杀掉春申君。

于是，看着楚王一天天地老去，他私底下慢慢招募了不少刺客，等待着机会刺杀春申君。但他保密工作做得不太好，很多人都知道他有这个想法。

春申君的一个门客，叫朱英的，就来提醒春申君这个事儿，要他防备李园。但春申君觉得李园是个手无缚鸡之力的人，而且他俩关系一直很好，这件事儿完全就是造谣，就没把这件事儿放在心上。

楚考烈王刚去世，李园抢先入宫，并事先埋伏了人手。春申君一听说楚王去世的消息，立刻跑进宫中，在进入棘门的时候，春申君被刺客杀死，他的头被砍了下来，扔到了棘门之外，而他的家族也被夷了族——不过，他的一个儿子活了下来，成了楚国新王，他就是楚幽王。

客观地讲，春申君是F4里面最有能力的一个，也是最成功的一个，但他也是历史评价最褒贬不一的一个。他以死护主，但也秽乱宫闱；他建功立业、开疆辟土，最后却死于非命……

或许这才是人性吧！

当然，春申君也确实挺够哥们儿的，牺牲自己全家的性命，为自己的"兄弟"楚考烈王保住了"血脉"。楚考烈王若是泉下有知，是该高兴呢，还是悲伤呢？

# 第十九篇

# 无忌的故事

时间：周赧王五十七年—秦庄襄王三年

（前258—前247）

人物：信陵君

内容：信陵君纳贤和救赵的故事

　　"无忌"是个常见的中文名。例如唐太宗时期的名臣长孙无忌，还有《倚天屠龙记》里头的张无忌。今天我们也来讲讲无忌的故事，这个人叫魏无忌，还有个称谓，更为广泛流传，叫"信陵君"。不消说，这位也是"战国F4"成员。

　　信陵君是魏昭王的儿子，不过他是小儿子，没继承王位。但他老子死后，他哥哥也没亏待他，封他为信陵君。

　　当然，作为一个典型的战国时期的诸侯家的纨绔子弟，信陵君的主要工作跟其他F4成员是一样一样的：一是招揽门客，二是打仗。

## 礼贤下士

在礼贤下士这件事情上，信陵君应该是F4中做得最好的。

那个时候魏国有个隐士，叫侯嬴，七十岁，职业是魏国首都看城门的，家里很穷。但坊间传说他很有智慧。

信陵君也不管这哥们儿身份是否卑贱，家里是否贫穷，就派人去拜见，并想给他一份厚礼。但侯嬴还特有气节，不要。

信陵君一琢磨，看来这糟老头子确实有几把刷子。但这老头子脾气古怪，即便是自己亲自去拜见，可能都见不到。于是，他想了个法子，在家大摆宴席，请的都是魏国当时的头面人物，王侯将相。等这帮贵客都到齐了之后呢，信陵君就穿戴整齐，带着随扈，自己亲自驾车，去城门处迎接老头子下班。

侯嬴一看这阵势，完全不怯场，掸了掸衣服上的灰，就一屁股坐上了马车的主位。信陵君没有任何气恼，非常恭敬地握着缰绳驾车。侯嬴说，我有一哥们儿是做屠夫的，在旁边的屠宰场，你先送我去那儿，我有几句话要跟他聊一下。

信陵君一听，二话不说，就驾车去了屠宰场。侯嬴下了车跟一屠夫聊了很久。从头到尾，信陵君完全没有露出任何的不高兴。屠宰场旁边就是市场，人来人往很多，看到F4成员之一如此恭敬地等着一个糟老头子和一个屠夫聊天，都挺纳闷。

有点儿能耐的人吧，看来都喜欢摆点谱儿，这帮人找工作吧，不参加雇主的面试，而是反过来面试雇主。之前有姜太公钓鱼，后来有三顾茅庐，都是如此。侯嬴这种行为，也算是对信陵君的一种考验吧。

过了好久，侯嬴终于聊完了。于是，魏国这帮宰相、将军终于能吃上饭了。信陵君继续他匪夷所思的行为，他站起身来，端着酒杯走到侯嬴面前给他祝寿。侯嬴这时候也不摆谱了，就说了些实在话，他说，我自己就是个糟老头子，今天也给信陵君搞了很多麻烦。不过，对于公子您来说，其实是个好事。您想想，大家看到您一个尊贵的公子，那么礼贤下士地对待我，都会认为我是个小人，而您是个尊贵的人。这不是成就了您的美名吗？

信陵君听了很高兴，自此之后，侯嬴就成了他的贵客。

信陵君招揽门客，对于魏国来说，当然是好事，由于他的门客众多，其他强国忌惮魏国的力量，不敢来犯；但这几千的门客，也给信陵君自己带来了不少麻烦。

讲个故事，例证一下。有一天，信陵君跟他哥，也就是魏王，两人下棋。下到酣处，一个士兵模样的人冲进来，说，大王，不好了，北方边境派来了信使，赵国发兵来打我们了！

赵国军事实力强，我们之前说过好多次了。魏王一听，不淡定了，哆嗦了一下，手里拿着的棋子都掉了下来，不过还算比较有头脑，立刻就要召集大臣们商量对策。信陵君呢，这时候还研究着棋局呢，头也不抬地对魏王说，赵王打猎呢，不是来打咱们的，哥，来来，继续下棋。

魏王心里犯嘀咕呢，你小子怎么知道的。不过他毕竟是一国之主，不能随意露怯啊，强忍着坐下，继续下棋。但他心里还是扑腾扑腾的，小心思完全不在棋上。

过了一会儿，又进来一个士兵，报告北方传来的消息，确实是赵王打猎。

魏王听了，手里棋子又掉下来了。他转过头来问信陵君，你怎么知道的？

信陵君笑笑说，我底下有个门客，能刺探到赵王的一举一动，并且能立刻告诉我，所以我一早就知道这件事了。

魏王听了，表面上很高兴，好好褒奖了信陵君一番，但是暗地里，却是非常不爽。

这件事有几个细节，大家可以琢磨琢磨：

第一，第一次士兵报告赵军来犯的时候，信陵君就知道整件事的来龙去脉了，这说明他最迟在当天一早出门的时候就知道这件事了，情报比魏王的官方渠道还来得快，对于魏王来说，不仅是面子问题，更是一种军事威胁。

第二，魏王完全不知道信陵君手下有些什么人，又分别有什么才能；这些人是信陵君的人，他们效忠信陵君，不效忠魏王。

第三，最可怕的是，信陵君在赵王身边安插了个细作，赵王完全不知情。在敌国尚且如此，在自己国内不是更简单？

想到这里，魏王的脊背不禁有点儿发凉。这个信陵君，不得不提防啊。

当然，另一个侧面，也说明了信陵君的政治水平，段位还是不够高啊。


## 窃符救赵

F4的主要工作，除了招人，就是打仗了。

说到打仗，就不得不说长平之战了。那在当时是国际大战役。赵王和平原君都火烧眉毛了，四处搬救兵。而平原君的夫人刚好是魏王的妹妹、信陵君的姐姐，魏国自然是重点求援对象之一。

魏王也担心自己姐姐的安危，就派大将晋鄙带领十万魏军去救赵。

秦昭襄王很有政治头脑，当即修书一封给魏王，说，赵国这次肯定挂了，你们谁敢救，我打完赵国后，立马掉头打你们。

魏王怂了。当时秦军真可谓如狼似虎啊，赵军主力全被埋在了长平，根本组织不出个像样的军队，那魏国又何苦派这十万子弟兵就送死呢？况且还要冒着成为秦军下个攻击目标的危险。这么想着，魏王就命令晋鄙先不要进兵，观望一下情况再说。

平原君一看这魏国军队不是来拼命的，而是来看戏的，腾的一下火气就上来了，就开始写信骂人。当然，即便再怎么火，他也不敢骂魏王，他就写信骂信陵君，说魏国人不讲道义、不顾亲情。

信陵君还是个很讲道义的人。他本来就是积极主张救赵的，看了信以后，更加羞愧了，屡次上书请求魏王出兵。但是，对魏王来说，秦王和秦军比信陵君恐怖多了，坚决不敢率先跟秦军决裂。事情陷入了僵局。

信陵君确实是个讲义气的人，他对自己的门客说，魏王看来是不同意了，弟兄们，我们自己上吧。于是，他搞来一百多辆战车，打算带着自己的门客和家人去战场上跟秦军拼命，杀身成仁。

那时候，侯嬴还继续在做他的老本行——看门。信陵君带队经过他看的那道门的时候，就把情况都告诉了他。侯嬴很不客气啊，说，公子加油啊，我在这里替您看好门，您不用担心。

信陵君心里咯噔一下，这老头子啥意思。走了几里路，心里这块石头始终放不下，就跑回去质问侯老头儿，我对您那么好，如今我这是要去舍生取义了，您居然还在这里说风凉话。

　　侯老头儿看到信陵君，呵呵一乐，说，我就知道您会回来。您白养了那么多门客，关键时刻，没人献计，居然落到个要自己送死的地步，公子您不觉得很可悲吗？

　　信陵君听了，知道他胸中已经有了对策，就赶紧向他施礼，请求破敌之法。侯老头儿就悄悄跟信陵君说，公子啊，打仗么，还是得用军队，您用这些歪瓜裂枣去拼杀，有什么用呢？

　　信陵君说，先生啊，我知道打仗要靠军队，但现在军权不是在晋鄙手里吗，魏王又不肯出兵，我没有办法啊！

　　侯老头儿就说了，拿军权不难，有兵符就行！

　　信陵君听了，点点头。确实没错，但兵符又不在我手里，咋整？

　　侯老头儿接着说，我听说兵符是放在魏王卧室里头的。我还记得魏王有个爱姬叫如姬的，可以随意出入魏王卧室，她可以拿到兵符。

　　信陵君更迷惑了，如姬是我哥的老婆，是王妃，又不是我老婆，凭什么为我卖命啊。

　　侯老头儿看穿了信陵君的心思，他说，如姬的父亲被人杀死，她非常痛恨那个杀她父亲的人。她等了三年，一直没能报杀父之仇。前阵子她求公子您替她报仇，您当时派门客砍了她仇人的头，献给她。您对她有这么大的恩，她肯定会愿意为您赴汤蹈火的。

　　信陵君一拍大腿，确实有这么一档子事儿。立刻就安排人联络如姬。果然如侯老头儿所料，顺利拿到了兵符。

信陵君拿了兵符就准备上路。侯老头儿又跑出来说，将在外，君命有所不受。虽然有了兵符，但主将仍然有可能不接受您的命令。如果到时候发生这样的事情，您就危险了。我有个朋友，就是那个屠夫，叫朱亥，是个大力士，您可以带着他一起随行。如果主将听从兵符调遣，那是好事；如果主将违抗命令，可以让朱亥当场击杀他。

信陵君听完这些话，眼泪立刻哗哗地流下来。侯老头儿有点儿奇怪，这公子不应该是个贪生怕死之辈啊。信陵君边哭边说，晋鄙是魏国极有经验的老将，肯定不会随便听从我的命令的，这样他肯定是死路一条啊。为了成就这件事，要杀死一员魏国战功赫赫的大将，我很难过。

侯老头儿挺感动的。他说，公子，老头子本来应该跟您一起去的，但年纪大了，腿脚不便，不但帮不上忙，反倒会成了累赘。不过，您到军营大帐的那天，我也会在这里自杀，算是表达我对您的一片忠心。这老头子最后确实没有食言，真是一条汉子。

信陵君跑到魏军驻扎的地方，拿出兵符向晋鄙假传了魏王的命令。果不其然，晋鄙根本不买账，并质疑信陵君。信陵君没说话，身后闪出一条彪形大汉，手握铁锥，一下杀死了晋鄙。信陵君顺利夺取了军权。

然后，他立刻整顿部队，向将士们喊话：如果父子都在军中的，父亲回家；兄弟都在军中的，长兄回家；独生子，回家奉养双亲。这是个非常人性化的举动，另一方面，也是在向将士们传达一个信息，就是要抱着必死的信念去打这场战斗。

这么一搞，人数从十万减到了八万，但士气大增。信陵君和联军一起，全力击退秦军，保住了邯郸。赵王和平原君跑到郊外来迎接他，平原君还背着箭囊为信陵君引路。信陵君的国际威望大大提升。


## 赌徒和酒保

信陵君国际声望是上去了，但国内关系却是搞得一塌糊涂。先是通过自己老板也是自己亲哥的女人偷了兵符，然后不分青红皂白地杀死了魏国大将、有功之臣晋鄙。这欺君、叛国的帽子，怎么扣都不算过分。

他自己也知道。但是，他也是希望魏国好，不希望兄弟反目，所以也没有什么造反叛国的心思，就让底下的将领带领大军回国，而自己和门客就留在了赵国。

赵王和平原君觉得这么不是个事儿，人家帮了咱一把，最后却落个居无定所、旅居异乡的结局，太惨了。他俩就商量要把五座城池封给信陵君做封地。

信陵君听说后，觉得是个好事儿，有点儿得意。一来可以名正言顺地在赵国站住脚，二来证明自己的功劳也在国际上被广泛承认了。

但这时候，一个门客站了出来，劝信陵君千万不可以接受这个赏赐。他说，公子您的作为，对赵国有恩，但对魏国就是叛国行为。您以此觉得自己有功，还要接受别国的封赏，我觉得不应该。

信陵君很能纳谏，立刻发现了自己的错误，最终没接受赵王的封赏。

当然，信陵君在赵国也没闲着，打仗是没得打了，但是招人还是可以继续招。他四处打听，听说有这么两个人：一个叫毛公，这人平时喜欢混赌场；而另一个叫薛公，喜欢逛夜店。信陵君听说了就去寻访。但这两人估计不喜欢为人所用，就一直躲着他。

没有什么难得倒信陵君的，想当年那个难搞的看门老头儿他都能顺利拿下。于是，他就放下身段，不带任何随扈，自己一个人走着去找他俩聊天，聊着聊着就成了好朋友。

平原君听说了这事儿，就觉得好笑。晚上喝了点儿酒，就在自己的夫人（信陵君的姐姐）面前嘲笑信陵君，说，你一直说自己弟弟是个大贤人，但我听说他最近在跟赌徒、酒保交往，岂不是个笑话。言者无心，听者有意啊。平原君夫人也好面子，气不过丈夫这么揶揄自己的弟弟，私底下就把这些话都告诉了信陵君。

信陵君当时就来气了，跟他姐姐说，住不下去了，准备收拾东西走人。他说，我以前以为平原君是个贤人，所以我背弃了自己的老板来救援赵国。但我今天才知道平原君就是个纨绔子弟而已，每天纸醉金迷，根本不积极求才。这样的人根本不值得交往。

平原君听说了，知道自己酒后失言，跑到信陵君面前脱帽谢罪，好不容易才把信陵君挽留了下来。但平原君底下的门客呢，听说了这么一档子事后，很多人就跳槽去了信陵君那里。

## 函谷关之战

就这样，信陵君在赵国待了十年。秦国听说信陵君不在魏国了，就不停地攻打魏国。魏王实在压力太大，想起当年信陵君在魏国时候的种种好处，就派人去请他回国。

但信陵君还是担心魏王骗他回去是要杀了他，就下令说，严禁任何门客替魏使说话。这时候，毛公和薛公俩人就上场了。他俩劝信陵君尽快回国。

信陵君说，不，我在赵国挺好的，大家都很尊重我。

赌徒和酒保就说，公子确实在赵国很受尊重。但这有个前提，是因为魏国还在。现在魏国快被秦国灭了，到时候公子就成了亡国公子了，还有什么资本受到尊重呢？

信陵君一听，脸上勃然变色，立刻备马回到了魏国。

确实是信陵君多虑了，魏王这时候根本顾不上之前兄弟俩那些恩怨情仇，一看见他就哭了，说，兄弟你可回来了。信陵君也哭了。哭完以后，魏王立刻封信陵君为大将，带兵抗秦。

信陵君威望高，一当上大将，其他国家得知后，都调兵来救魏。信陵君率领援军把秦国名将蒙骜打得落花流水，把秦军打回了函谷关内。

这在当时可牛了，秦军很多年没那么惨过了。信陵君的国际威望震动了天下，各国的人纷纷把自己写的兵法进献给信陵君。信陵君就干脆把这些兵法合在一起出版了，就叫《魏公子兵法》。

这下是秦国受不了了。前两天还是压着魏军打呢，这一转眼就变成自己风声鹤唳了。但秦国人聪明，又使出了屡试不爽的反间计。秦国派人找到了信陵君的仇人——晋鄙的门客，让他们去向魏王进谗言。

其实魏王心里的疙瘩一直没解开，又想起以前那次谍报事件，加上信陵君胆敢利用自己的女人偷兵符，还杀死了自己的大将，再看看眼前这功高震主的人气，魏王深深地感觉到了威胁。

于是，这些风言风语就起了作用。

悲夫！亲兄弟也敌不过反间计啊。

终于，魏王没扛住，派人顶替了信陵君的位置。

信陵君知道自己再也不可能得到魏王的信任了，想想自己叱咤战场、出生入死，即便是最残暴的秦军都无法击败的自己，却最终倒在了亲哥哥手里，真是没意思。于是就干脆放浪形骸，再不过问政事，寻欢作乐，最后因饮酒无度而死亡。


## 结　语

F4的故事到此就都完结了。《资治通鉴》上记载了扬雄的评价，他对F4的评价很低。他说，F4的事迹就是因为真正的君主不理国事，而让F4这帮奸臣篡夺了大权，这对国家根本没什么益处。

光哥对此也是赞同的，所以才会把这个评价单独挑出来放在《资治通鉴》里。

我觉得，这句话放在F4的其他三个人身上，还勉强说得过去，但若要放在信陵君身上，就非常不合适了。

我比较喜欢太史公对他的评价。他说，自己曾经探访过大梁的废墟，看到当时侯嬴看的那个门还有个遗址在。尽管F4都喜欢结交宾客，但只有信陵君会不厌其烦地挖掘生存在社会各个隐秘角落的隐士，也从来不以结交这些底层人士为耻辱。他能获得超过诸侯国王的声望，是完全合情合理的。

在我看来，信陵君是个品德高尚的人。他打破了传统的等级观念，唯才是举，不问出身；他在自己困顿的时候，也不愿意牺牲自己国家的利益；更重要的是，不管在什么时候，他都未曾利用自己手中的权力去尝试篡夺魏国大权。这充分说明他是一个真正自律、胸怀大义的人。

信陵君的所作所为跟F4的其他三个人有本质的区别。其他三个人虽然也能帮助别人，但他们的帮助也就停留在"助人为乐"的水平；而唯有信陵君真正达到了"舍生取义"的水平。

# 第二十篇

# 战国终结者

--------------------------------

时间：秦始皇十四年（前233）

人物：韩非、秦始皇、李斯

内容：历史拐点，天才的悲剧

写着写着，战国就快结束了，转眼就要进入大秦帝国了。今天我们来给战国收个尾，写一个战国终结者的故事。

大家都知道统一中国的是秦始皇，不过他不是我们今天故事的主角。

看了前面的叙述，细心的朋友可能会发现，战国七雄基本上都专门写过，个别牛的国家，比如秦国、赵国，还写过不止一次。唯独一个国家，之前从来没专门写过，这个国家就是韩国。

在《资治通鉴》前五卷的记述里，韩国的形象始终非常统一，就是个成天被欺负的小媳妇，今天被打，丢了几座城，明天被打，丢了几座城，真心没什么特别杰出的；好不容易来个特别一点儿的，还是作为刺客聂政故事里的被害国出现的——"盗杀韩相侠累"。

而韩国王族呢，也一直很差劲，没出过什么牛人。战国四公子里头，孟尝君是齐国人，平原君是赵国人，信陵君是魏国人，春申君是楚国人，就没有韩国的；整个战国时期，韩国也没出过堪比吴起、乐毅这种级别的名将……

不过，到了战国末年，韩国出了一个特别牛的人。牛到什么地步？这个人的出现，真正终结了战国时代。

这个人叫韩非。


## 韩非其人和他的死亡谜案

韩非的生平特别简单。

这哥们儿是韩国的宗室公子，从小有口吃的毛病。小时候曾经跟后来的秦国丞相李斯共同在儒学大师荀子门下学习，而且据说当时李斯认为自己不如韩非。

学成以后回到韩国，韩非一直想将自己的治国思想和理念灌输给韩王，写了很多文章，著名的包括《孤愤》《五蠹》《说难》等，但是他的这些观点却从未得到韩王的采信。不过这些文章却被秦王嬴政看到了，嬴政特别欣赏韩非，非常想跟他见面聊一聊。

刚好，那一年，韩王觉得自己实在支撑不下去了，与其被灭，不如主动投降，运气好的话还能留一条性命。于是，韩王向秦王纳地效玺，请为藩臣，派出了韩非作为使者。

这时候的韩非已经看到了历史的趋势，预见到了秦国即将统一天下。他就趁着出使的机会，写信给秦王，说愿意向他呈献统一天下、确立霸权的战略。

秦王很高兴。但这个时候，韩非昔日的同学李斯出现了。他对秦王说，韩非是韩国公子，肯定以韩国利益至上，所以不能用。但这个人又非常聪明，不为秦所用肯定会是个祸害，不如找个由头杀了他。

秦王听了觉得很有道理，就让官吏先将韩非关起来。李斯就派人送毒药给韩非，让他自杀。韩非不甘心啊，这莫名其妙地就让我去死，秦国人都什么毛病啊！拼死也要见秦王一面。但由于有李斯从中作梗，韩非始终无法见到秦王。

没多久，秦王后悔了，觉得不应该关押韩非，就派人去赦免他，但这时候已经来不及了，使者到的时候，韩非已经不明不白地死在了牢里。

这个故事很蹊跷，有很多疑点。

第一个疑点是李斯的理由。

李斯说，韩非是韩国公子，所以凡事肯定以韩国利益为先。在战国时期，用一个人的出身来质疑他的立场，确实是个很有效的方法，很多人都在这上面吃过大亏，包括吴起、孟尝君等。但，这个理由谁都可以用，唯独李斯不能用。

为什么？

因为在四年前，就是李斯本人（他自己是楚国人），向秦王上书驳斥"逐客令"，反对秦国禁止其他国家人士在秦国做官的诏令。现在他拿这个理由来陷害韩非，不是自己打自己的嘴巴吗？

第二个蹊跷之处是李斯的动机。

史书记载，李斯认为自己的才能不如韩非。很多人就把这作为李斯陷害韩非的主要动机，出于"妒忌"。我觉得这么解释很牵强。

李斯在某些地方的才能确实不如韩非，但在另一些地方的才能远比韩非要高。韩非是一个理论家，而李斯则是一个实践者。他俩在很大程度上并不是竞争者，而是好搭档。而在搞政治这件事上，从二人之前的经历来看，李斯从布衣之身混到秦国客卿的高位，而韩非作为王室宗亲却一直得不到重用，即可见一斑。韩非很难在政治上成为李斯的强劲对手。即便李斯自己亲口说他不如韩非，也很有可能是自谦之词。

相反，作为同学，如果同朝为臣，在强人林立的秦国朝堂上，俩人还能相互支援一下，何乐而不为呢？为什么要下毒手去置人于死地呢？

第三个疑点是秦王嬴政的反应。

嬴政是个极其精明的领导人，极少被自己手下的人牵着鼻子走。但这次，却非常简单地就被李斯骗了，用的理由还是李斯自己驳斥过的。那一年，嬴政二十七岁，正当青春，远没有到老年痴呆的年纪。

另一方面，就算一开始嬴政被李斯蒙蔽了，秀逗了一下，但当他回过神来的时候，发现自己被臣下骗了，按他的性格，是绝对不会对胆敢欺骗他的人手软的。但这次，李斯却没有受到任何的惩处。

第四个疑点是韩非的死法。

没有人说得清韩非是怎么死的。李斯送了药，但最后韩非死的时候，史料并没说明他到底是怎么死的，只是轻描淡写地一笔带过——"非已死矣"。

这疑点重重的经过，居然也好意思堂而皇之地放在正史里头？

真相究竟是什么？别急，我们先来说说别的话题。


## 战国终结者

为什么说韩非才是真正的战国终结者？为什么不是嬴政、李斯、商鞅、王翦？

很简单，因为如果没有韩非，即便统一了，也会在很短的时间重新返回到战国的状态。

很多人都知道要"大一统"，但从没有人真正提出过可行的"大一统"的政治蓝图。

比如，儒家的孔子，他的政治理想就是恢复到春秋初期，周朝刚建立的时候，"礼乐征伐从天子出"，他认为那就是最美好的政治图景了。靠谱吗？如果统一了以后再分封出去，不用几年，立马继续战乱。

再比如，道家的老子，特别崇尚"小国寡民"的状态，百姓们纷纷结绳记事，老死不相往来。这种状态在经济发展、人口增长的时代，也是非常不切实际的。

至于纵横家之类的人，压根儿就不考虑那么宏观的问题。他们只会逞一时的口舌之能，根本拿不出一整套的政治解决方案。

只有韩非可以。

有些人认为韩非是法家，说对也对，但不尽然。

前面讲过，韩非的老师是荀子，这是儒家传承；而韩非在自己的著作中，阐明过自己的思想来源是黄老，是道家传承；除此二者之外，韩非又特别爱好刑名之术，这算是法家传承。

简而言之，韩非是道、儒、法三家集大成者。他从三家中分别汲取了一部分内容：儒家（荀子）的世界观、法家的方法论、道家的价值观。

首先，是荀子的世界观。

荀子这个人，现在很少有人研究了，但是，大多数知道荀子的人，都知道他有一个特别独树一帜的观点：人性本恶。荀子认为人是自私自利的，都是在追求个人利益的。这个观点，中国主流传统意识形态不是那么认同，但是民间却很赞同，比如谚语说，人为财死、鸟为食亡。而西方的近代哲学和政治学，不论是马基雅维利还是霍布斯提出的观点，都是从"人性本恶"这一基本假设出发的；甚至西方经济学的基石——"经济人假设"也是建立在人性自私这一基本前提之上的。

客观地讲，"人性本善""舍生取义"是一种美好的愿望，是对理想状态的憧憬；而"人性本恶""自私自利"才是赤裸裸的现实，是对客观世界的描述。

韩非从荀子那儿没学别的，只继承了这一点儿。

其次，是法家的方法论。

荀子很有意思，提出了性恶论，但是仍然遵循儒家的传统方法，提出用教化的方式来革除人性中恶的部分，从而将每个人都培养成君子。这个方法十分迂腐。我认同儒家为人处世的准则，对于个人修养来说，是一个很好的指引，人也确实可以通过接受教育而降低自利倾向；但是，对于当时的君王治理天下来说，这并不是个好方法。战国时期，不是现代，没有什么义务制教育，经济基础也很一般，年成不好的时候，大家就要挨饿。这种情况下，指望老百姓通过接受教育来成为善人是非常不现实的。

韩非看清了这一点儿，所以他完全摒弃了儒家的方法，转而投向法家——既然个体是自私自利的，那么，通过设置奖励和惩罚机制，来引导个体从事或不从事某个特定行为，不就可以了吗？

刑名之术，相比于儒家的教化，在那个时代，是更为有效的方法。

最后，是道家的价值观。

老子思想在战国有两个截然迥异的批判性继承者，一个是庄子，一个是韩非。二人思想皆源于老子，但不同的是，庄子着眼于解决个体自由问题（最高追求"逍遥"），而韩非着眼于解决人类整体性发展问题。

老子的最高政治追求是"无为而治"，韩非也同样标榜"无为"。只不过，他是在老子的理论基础上前进了一步，将"无为而治"的概念进一步阐述为"上德无为而无不为也"（《韩非子·解老》）"君无为，法无不为"。

因此，号称自己是老子传承者的韩非，在政治理念上却最终得出了和老子不尽相同的解决方法。黄老的精髓在于"不折腾"，而韩非的精髓在于"多折腾"。这个"多折腾"表现在两个方面：

其一，真正的施行大一统。这个大一统不仅仅是通过军事手段统一各国的国土和人民，更关键的是意识形态上的大一统，包括政治、文化、经济等诸多方面。从秦始皇灭六国之后的种种政治举措来看，他就是在致力实践韩非的理论：政治上实行严格、强力的中央集权，文化上统一思想、语言，经济上统一货币、度量衡……正因为如此，中国才真正成为一个国家，而不是在战国状态下重蹈历史覆辙。

其二，君主的管理艺术。因为要实现君主的绝对集权，不能给底下人任何篡位的机会（这也是来源于战国时期无数血淋淋的教训），君主要特别重视统治的"术"，同时要确立君权的"势"。说得直白一点儿，君主管人，要玩权术，要要阴谋诡计；而且要拉开君主和臣下的距离，让所有人都拜服于君主的权威。马基雅维利在这件事上，提出的看法跟韩非几乎一模一样，他建议君主要学"狮子"和"狐狸"，因为狮子有威严（势），而狐狸很狡猾（术）。所以，在韩非的诉求下，一个好的领导人，应该行为无常，阴晴不定，和底下人保持一定距离。

我们姑且将这一整套方案称为"韩非主义"。

韩非死后一千七百多年，马基雅维利写了一本《君主论》，其中阐述了他对政治问题的看法，后世称之为"马基雅维利主义"。

事实上，马基雅维利和韩非，二人的主张在很多方面都十分类似。比如，都以人性本恶作为整套理论的基础，都十分推崇集权专制，都教育君主要运用各种权术、阴谋……造成的结果也差不多，大一统或者区域性的统一。

但时下很多中国人都知道甚至推崇马基雅维利主义，却对韩非思想知之甚少，真是个莫大的讽刺。

无论如何，"韩非主义"对中国后世影响很深远。

在政治实践上，"韩非主义"最早的践行者秦始皇，就依靠这一整套政治解决方案成功统一了中国，并建立了真正的大一统的国家。我们看后世，可以发现，凡是比较混乱的历史时期，例如两晋、五代，都是"韩非主义"推行不好的时候；而国力相对强盛的时代，例如汉、唐、明、清，也正好都是"韩非主义"大行其道的时候。

政治之外，"韩非主义"也有很多应用。比如在企业管理领域，通过制度、奖惩、绩效考核来管理员工，这些很常见而且被事实证明的有效方法，都与韩非的治国方略有着异曲同工之妙。

做一把手的研究一下韩非，可以明白很多道理；为一把手服务的研究一下韩非，同样也可以明白很多道理。


## 真相只有一个

说完"韩非主义"之后，我们还是回来继续八卦韩非的死亡谜案。

韩非之死，应该算是自杀。

自杀最重要的问题是动机。韩非自杀有很多动机。

第一个动机，是在于他的理想和他的身份是一对无解的矛盾。

作为一个韩非主义者，他相信强权和强力，而且他预料到了秦国在不久的将来就能真正实现军事上的统一。他非常希望能在这件事上做一些帮助，实现天下大一统。但是，这就意味着，他要与自己的家族和国家为敌。韩非虽然是个提倡集权、严刑的人，但是这并不意味着他没有宗族观念，并不意味着他是一个数典忘祖的人。如果实现理想需要踩着自己的家族和祖先的尸体，这份负担就太过沉重了（大家想想明末清初的洪承畴）。

第二个动机，是他在《孤愤》里面阐释过的，像他这样的人，下场一定十分悲惨。这不是没有先例的，前有吴起、商鞅，后有李斯。这几个人，不是五马分尸就是腰斩。韩非跟他们不同，他是个口吃者，是个即将战败的国家的王族，身份极其尴尬，即便他能凭自己的才华得到君王一时的赏识，但这种恩宠恐怕不会延续很久。如果预料到这种结果了，为什么不选择一个更可行的方式呢？

既然抱定了这样的信心，韩非在死之前来到秦国，把自己的学说和政治理想亲手托付给嬴政和李斯，由他们二人来实现，自己就可以安心地去了。

秦王跟李斯商量，韩非的理论太精妙了，我要重用他，辅佐我来实现统一天下的大业。

李斯却对秦王说，韩非是韩国公子。

秦王懂了，韩非并不想做"韩奸"。

但秦王依然下不了决心杀他。

韩非怕秦王反悔，就问李斯要了毒药，自杀而死。

秦王知道了，很痛心，但他很尊重韩非的选择，也没有在这件事上为难李斯。

太史令在《史记》里面评价说，韩非写《说难》（文章主要是写游说工作的难处，得出的结论是在游说过程中需要考虑受众的需求和偏好）写得非常详细，但他自己最后却因为做说客而死在了秦国，这颇有点儿反讽的意思。我倒是觉得，按韩非自己在《孤愤》里所说的，像他这样的"明法术而逆主上者，不戮于吏诛，必死于私剑"——恰恰是用自己生命的结局来给自己的学说做了一个注脚。

而光哥呢，他在《资治通鉴》里这样评价韩非：作为一个韩国人，而跑去秦国为秦王出谋划策，想要通过灭亡他的祖国来证实他的主张，这种人死一百次都不为过啊！

呵呵。

当历史拐点出现的时候，你可以选择顺着历史的趋势，也可以选择抵抗历史洪流，这只是个人选择问题。而韩非的结局，恰恰是一个天才在历史拐点时刻的悲剧。

# 编年大事表

## 周纪一

威烈王　二十三年（前403）

魏、赵、韩三家分晋。

豫让刺赵襄子，未果，身死。

吴起杀妻取信，率鲁军大破齐师，后奔魏。


安王　五年（前397）

聂政刺杀韩相侠累。


安王　十一年（前391）

齐大夫田和迁齐康公于海上。


安王　十五年（前387）

魏文侯薨，吴起奔楚为相，变法。


安王　十六年（前386）

齐大夫田和为诸侯。

安王　二十一年（前381）

楚悼王薨，贵戚大臣作乱，杀吴起。


安王　二十三年（前379）

齐康公薨，无子，田氏遂并齐而有之。


安王　二十六年（前376）

魏、韩、赵共废晋靖公，分其地，晋国灭亡。


烈王　五年（前371）

魏武侯薨，其子罃与公子缓争立，国内大乱。


# 周纪二


显王　七年（前362）

秦献公薨，子孝公立。


显王　八年（前361）

秦孝公招贤，卫鞅入秦。


显王　十年（前359）

卫鞅变法。

显王　十六年（前353）

田忌、孙膑围魏救赵。

显王　二十八年（前341）

魏庞涓伐韩，田忌、孙膑救韩，大败魏军，庞涓自刭。

田忌受诬陷奔楚。

显王　二十九年（前340）

卫鞅伐魏，大破之，魏献河西之地于秦。

秦封卫鞅商於十五邑。

显王　三十一年（前338）

秦孝公薨，子惠文王立。

秦人攻商鞅，杀之，尽灭其家。

显王　三十六年（前333）

苏秦说六国，为纵约长，相六国。

张仪入秦为客卿。

显王　三十七年（前332）

六国纵约解，苏秦去赵。

显王　四十三年（前326）

赵肃侯薨，子武灵王立。

显王　四十五年（前324）

苏秦奔齐。


显王　四十七年（前322）

张仪免秦相，相魏。


显王　四十八年（前321）

齐王封田婴于薛。其子田文嗣，号曰孟尝君，名重天下。


# 周纪三


慎靓王　四年（前317）

苏秦与齐大夫争宠而遭刺杀。

张仪说服魏襄王背弃纵约，复相秦。


慎靓王　五年（前316）

巴蜀相攻，秦惠王伐蜀，取之。

燕王哙让政于子之。


赧王　元年（前314）

燕国大乱。齐宣王伐燕，欲取之，未成。

赧王　三年（前312）

燕昭王立，招贤纳士，乐毅入燕为亚卿。


赧王　四年（前311）

秦惠文王薨，子武王立。

诸侯背弃张仪连横之计。


赧王　五年（前310）

张仪相魏，一岁而卒。

秦将甘茂诛蜀相陈庄。


赧王　八年（前307）

秦武王举鼎绝膑而亡，异母弟昭襄王立，其母宣太后治事。

赵武灵王出胡服令，招骑射。


赧王　十年（前305）

秦诸公子、大臣作乱，宣太后异父弟魏冉诛之。


赧王　十二年（前303）

楚太子横为质于秦。


赧王　十三年（前302）

楚太子与秦大夫私斗，杀之，亡归。

赧王　十六年（前299）

赵武灵王传国于少子何，肥义为相国。赵武灵王自号“主父”，诈为使者入秦见秦王。

楚怀王入秦，秦人闭关劫之，楚人立太子为楚顷襄王。

孟尝君入秦为相。


赧王　十七年（前298）

孟尝君凭鸡鸣狗盗之力从秦国逃脱。

赵惠文王封其弟赵胜为平原君。


# 周纪四


赧王　十九年（前296）

楚怀王薨于秦，秦人归其丧。


赧王　二十年（前295）

赵主父与齐、燕共灭中山。

赵公子章与其相田不礼沙丘作乱，败。

赵主父饿死于沙丘宫。


赧王　二十二年（前293）

白起败魏、韩军队于伊阙，斩首二十四万。

赧王　三十一年（前284）

燕乐毅伐齐，入临淄，下齐七十余城。

齐湣王出亡，为楚将淖齿所弑。

赧王　三十二年（前283）

蔺相如完璧归赵。

赧王　三十六年（前279）

秦赵渑池会。

燕昭王薨，惠王立。

乐毅奔赵。田单败燕军，迎齐襄王入临淄，田单封相。

赧王　三十九年（前276）

魏安釐王封其弟无忌为信陵君。

赧王　四十二年（前273）

楚使黄歇说秦罢兵。

# 周纪五

赧王　四十三年（前272）

楚黄歇侍太子完为质于秦。

赧王　四十四年（前271）
平原君荐赵奢于赵王。

赧王　四十五年（前270）
赵奢解阏与之围，败秦军。

赧王　四十九年（前266）
赵惠文王薨，子孝成王立，以平原君为相。

赧王　五十年（前265）
秦宣太后薨。秦昭襄王以子安国君为太子。

赧王　五十二年（前263）
楚顷襄王薨，考烈王即位，以黄歇为相，号曰春申君。

赧王　五十五年（前260）
长平之战，赵军主将赵括战死，赵军四十万人降。秦将白起尽数坑杀之。

赧王　五十六年（前259）
苏代入秦说秦应侯范雎，秦人罢兵，解邯郸之危。

赧王　五十七年（前258）
秦军再围邯郸，平原君求救于楚。
楚春申君、魏信陵君率兵救赵。

赧王　五十八年（前257）

秦白起被逼自杀。

信陵君破秦军，解邯郸之围。

吕不韦救秦异人从邯郸逃脱，为秦太子嗣子。